子どもとつくる平和の教室

小薗崇明・渡辺哲郎・和田 悠＝編著
Kozono Takaaki　Watanabe Tetsuro　Wada Yu
千葉県歴史教育者協議会＝編集協力

発行＝はるか書房　発売＝星雲社

子どもとつくる平和の教室◉目次

序章 子どもと一緒につくる平和の教室
――暴露・告発型から思考する「平和教育」へ ……… 和田 悠
1 「平和教育」としての社会科 10
2 なぜ「討論授業」で「平和教育」を実践するのか 11
3 思考する「平和教育」の条件 15
4 平和を紡ぐ実践たち 17

第1章 なぜ、長野県の人がつくば市まで来て芝畑を作ったのか ……… 石上 徳千代
1 つくば市の芝畑と陸軍飛行場 26
2 なぜ、そして誰が飛行場を芝畑に？ 27
3 なぜ、長野県の人たちがつくば市に芝畑を？ 31
4 手紙で学ぶ子どもたち 34
5 芝畑の事実から広がる学び 38

COLUMN 歴史、掘り起こしてみませんか 江連 崇 42

第2章 教室で出会う沖縄 ……… 三橋 昌平
1 子どもたちと沖縄はとても相性がよい 48
2 沖縄を身体で体験する 49
3 学びの方法として手紙を送る 52
4 沖縄の学びを表現する 54
5 沖縄戦と出会う子どもたち 58

第3章 善良な父や兄弟が、戦地で人を殺めてしまったのはなぜか……板垣 雅則
1 戦場で戦うということの意味 64
2 「一つの花」から近藤一さんの証言へ 68
3 人を殺せるようになった理由を討論する 69
4 北川省吾さんの手紙でさらに深める 76
5 「兵士になること」を子どもはどう考えたか 77
COLUMN 「楽しい授業」は準備段階から楽しい 石上 徳千代 81

第4章 浅川巧から見た日本の植民地支配……髙橋 珠州彦
1 時代の息吹を感じる授業を目指して 86
2 浅川巧と生徒の出会い――文献から学ぶ韓国併合 87
3 浅川巧について話し合う生徒たち――後半の討論授業 89
4 相村氏への手紙 97
5 終わりなく展開する討論授業 101
COLUMN ある日突然、中国からの転入生がやってくる 三橋 昌平 103

第5章 武力で平和は保てるか……鴇田 拳
1 中学生の考える戦争と平和 108
2 歴史学習と公民学習をつなぐには 109
3 海外での武力行使を認めるべきか 111

4　武力に頼らない平和を考える　116
COLUMN　「並木子ども哲学」5つの約束　笹浪　美緒　123

第6章　戦場に送られた民間人……四十栄　貞憲
1　国家の論理と異なる視点　128
2　日清戦争の戦場　129
3　軍夫の死を考える　132
4　紙上討論で軍夫が生きた時代像に迫る　135
5　貧困の問題と戦争をつなげて考える　138

第7章　なぜ空襲でも逃げちゃいけないのか……渡辺　哲郎
1　空襲時の避難を禁じた改正防空法　144
2　防空法と千葉市空襲を知る　147
3　討論　なぜアメリカ軍は市民を狙ったのか　151
4　支持投票　国民の士気は下がらなかったのか　155
5　歴史を追求すると「いまの自分」につながる　158
COLUMN　博物館で授業づくり　大塩　達　162

●インタビュー●
地域を知ることは生徒を知ること——二人の元教員の経験に学ぶ　166
インタビュアー　小笠原　強

第8章 ハジチを禁じられた沖縄女性の葛藤……青木 孝太
1 針突（ハジチ）との出会いから 180
2 琉球処分から針突の禁止へ 183
3 針突を抜き、琉装を改めた久場ツル 186
4 沖縄女性の葛藤の追体験へ 190
5 植民地主義を再考するための針突 193

第9章 自殺は自己責任なのか……松井 延安
1 ある高校生のつぶやきから 198
2 自殺をする人間は心が弱いのか 199
3 あなたは自己責任論をどう思うか 201
4 いじめをめぐる問題への焦点化 206
5 生徒の本音を引き出す 210

COLUMN 「いじめはいけない！」は通じない 田中 彗 213

第10章 安房の高校生から始まった平和活動……河辺 智美
1 ウガンダ支援活動との出会い 220
2 地域に根ざした平和学習とは 222
3 学校・地域で取り組むウガンダ支援 224
4 三校にわたるウガンダとの絆 227
5 コーヒーで広がる支援の輪 230
6 地域に根ざす活動から学ぶこと 233

第11章 **大学生が空襲体験を学び、伝える**……小薗 崇明
1 平和資料館と大学教育の課題に直面して 236
2 東京大空襲・戦災資料センター夏休み特別企画 237
3 企画展「戦時下の〈日常〉と東京大空襲の記憶」ができるまで 239
4 大学生が考える学び方、伝え方 245
5 対話をくり返す 251
COLUMN 館山まるごと博物館 河辺 智美 253
●若手教員座談会●
僕らの授業は加藤公明ゼミでの学びから始まった 257
高嶺直己・岩﨑圭祐・前田大志・内田圭介
あとがき——終章にかえて 267

序章

子どもと一緒につくる平和の教室

── 暴露・告発型から思考する「平和教育」へ

和田　悠

1 「平和教育」としての社会科

社会科という教科は、戦後に誕生した新しい教科である。アジア・太平洋戦争の反省のうえに立ち、平和で民主的な社会の担い手を育てることは戦後教育全体の課題であった。そのなかでも社会科は、戦後教育を牽引する中核となる教科として位置づけられていた。

一九四七年度の学習指導要領（試案）の社会科編には、次のような文章がある。

従来のわが国の教育、特に修身や歴史、地理などの教授において見られた大きな欠点は、事実やまた事実と事実とのつながりなどを、正しくとらえようとする青少年自身の考え方あるいは考える力を尊重せず、他人の見解をそのままに受けとらせようとしたことである。これはいま、十分に反省されなくてはならない。

もちろん、それは教育界だけのことではなく、わが国で社会一般に通じて行われていたことであって、そのわざわいの結果は、今回の戦争となって現われたといってもさしつかえないであろう。自主的科学的な考え方を育てて行くことは、社会科の中で行われるいろいろな活動にいつも工夫されていなければならない。

ここからは、戦後の社会科の本質は「平和教育」であり、事実や根拠に基づき、自分の頭で考えることのできる平和と民主主義の主体を形成することがその課題であったことがわかる。

ひるがえって戦後から七〇年以上が経っている現在、私たちの社会と社会科（地歴科・公民科）はどうなっているのだろうか。

戦後日本の「平和教育」は日本国憲法の恒久平和主義に依拠して展開されてきた側面が濃厚にある。したがって、現在の「平和憲法」の危機は「平和教育」の危機につながっている。それだけに、いま「平和教育」を実践することは同時代の社会に対する鋭い問いかけとなる一方で、時代との緊張関係を強いられることにもなる。

しかしながら、社会科が本質的に「平和教育」である以上、「平和教育」実践を避けることは職業倫理に反することにもなる。

こうした社会科教育の危機のなかで、本書の執筆者は、戦後社会科の初心を手離さず、子どもが主体的に社会や歴史を考える授業を通じて、平和で民主的な社会の担い手として子どもを育むことに日々努力をしてきた。「平和教育」についてはその重要性が繰り返し指摘される一方で、特定のイデオロギーを注入するような偏向教育であるという批判が、「逆コース」の始まる一九五〇年代から現在に至るまで一貫してなされてきている。私たちは、こうした「平和教育」への批判や懐疑を受けとめながらも、いま必要で実践可能な「平和教育」を慎重かつ大胆に、何よりも子どもと一緒に楽しみながら実践してきた。本書はその成果である。

2 なぜ「討論授業」で「平和教育」を実践するのか

本書の執筆者は「子どもが主役の社会科」をスローガンに、討論による社会科の授業づくりに取り組んできた教師サークルである千葉県歴史教育者協議会（千葉県歴教協）に関わりの深い、二〇代から四〇代までの現職教員ないしその関係者である。千葉県歴教協は一九六七年に設立され、これまでに数多くの社会科の討論授業を創り出してきた。そのなかで逸することができないのは、加藤公明の「考える日本史授業」である。加藤は高校の日本史に討論という教育方法を持ち込んだ第一人者であり、千葉県の公立高校の教員として数多くの日本史の「討論授業」を開発し、実践してきた。

歴史教育のパラダイムを講義式授業から「討論授業」へと大きく変えたのが加藤だとすれば、本書の執筆者は加藤本人や加藤実践に直接・間接に学びながら、それぞれの学校現場で、さまざまなテーマで「討論授業」に取り組んできた世代にあたる。加藤が切り拓いた「討論授業」を社会科授業の常識にしようとする試みに私たちは日々取り組んでいるといえるだろう。

なぜ、私たちは「討論授業」にこだわり、「討論授業」による「平和教育」の実践を試みてきたのか。その理由について述べておきたい。

「平和教育」の定番といえば、アジア・太平洋戦争についての戦争学習であろう。戦争の残酷さや悲惨さ、非人間性を子どもに伝えることで、平和や人権の価値に目覚めてもらおうというねらいで「平和教育」に取り組むのは、いまも一般的である。アジア・太平洋戦争に限らず、人類の負の歴史ともいうべき戦争や暴力について取り上げることが即自虐的ということにならない。子どもに平和や人権といった価値を獲得させることは「平和教育」の正当な課題である。

問題はそれがどのようになされるのか。つまりは「平和教育」の方法の問題である。

たとえば、アジア・太平洋戦争における虐殺事件など、あまりにもわかりやすい「悪」が教室に提示される場合。子どもはショックを受けるだろうが、そのためにかえって思考を働かせることをやめてしまうことは十分に考えられる。教師がたとえ善かれと思ったとしても、子どもの情緒や心情に訴えかけ、特定の価値判断を押し付けることは、子どもの価値判断の自由、思想・良心の自由を奪うことになってしまう。平和や人権といった価値内容はそれが平和的な方法で子どもに伝えられない限り、無力なものになってしまうのである。

何をもって平和的な方法というのか。「平和教育」を意欲的に実践している教師の一つの典型は、豊富な知識を背景に数多くの歴史的、社会的な事実を子どもの前に提示し、戦争や暴力の実態を暴くというものである。それは、事実や事実と事実のつながりを重視した「自主的科学的」な「平和教育」と、ひとまずはいえるだろう。だが、こうした授業は、教師の強いリーダーシップのもとに展開しており、教師と子どもとの知の落差を利用することで子どもを圧倒している側面が濃厚にある。また、教室で語られる事実は教師によって選びとられたものであり、教師の世界観や問題意識によってすでに組織化されている。事実に立脚した「平和教育」であるからといって、それが価値中立的であり、客観的であるとは限らない。むしろ事実を教えることを通じて、教師の思想や心情に同化を迫るような暴力的な授業は十分に可能なのである。

目良誠二郎はこうした授業を「暴露・告発型」の授業と名づけているが[1]、「討論授業」が問題にしてきたものは「暴露・告発型」授業の持っているこうした抑圧的な性格であった。

「討論授業」の具体的なやり方は教師によってさまざまであるが、共通しているのは、子どもが自らの興味・関心や問題意識にしたがって歴史や社会の現実について具体的に考え、それを実際に教室で表現することの自由を豊かに保障しようとする問題意識である。「討論授業」では子ども一人ひとりが「自分にとって歴史や社会はこのように見えているのだが、どうだろうか」という仕方で意見を表明する権利が教室で保障される。

誤解のないようにつけ加えれば、「みんなちがってみんないい」では「討論授業」にはならない。

こうした他者への（無）関心の持ち方は、現在の自我に居直っている点で他者との対話に開かれていない。それに対して「討論授業」では、子どもが討論によって気づきを得て、学び合うところに核心がある。

「討論授業」では教師から提起される問いに子どもが仮説を立てる。自らの説が卓越していることを示すためには、他の仮説の成立根拠を揺るがすような有効な批判を考えるとともに、自らの仮説に対する他者からの批判を想定し、それに対して応答、説明責任を果たす必要がある。他者の仮説を自説に取り込むことで、自らの認識をバージョンアップさせる場合もある。「討論授業」には他者を介して自己の認識を発見したり、深化させたりしていくような、対話と自己省察の契機が存在している。

他方で講義式授業の場合には、教師が歴史や社会に関する事柄について解説をするスタイルを採る。理解力ということで子どもに求められるのは、授業内での教師による説明をよく理解・暗記したうえで、教師と同じようにそれを再現できるかどうかである。子どもの認識や理解はどうしても教師のカーボンコピーということになってしまう。洋服にたとえるならば、講義式授業は不特定多数の子どもを対象に教師が「既製品」を提供するイメージである。他方で「討論授業」の場合は、素材や型紙については一定程度教師が用意することになるが、最終的には一人ひとりが自分の判断で洋服を縫いあげていく。そこには「既製品」を購入するのとは異なる〈職人的な手作業〉の側面がある。

こうもいえるだろう。講義式授業に慣れてしまうと、歴史や社会に対する事柄は客観的に学ぶことができるとの錯覚が学習者に生じてしまう。歴史や社会の因果関係や制度・構造が教師の手によって破綻なく説明されてしまえば、歴史や社会は主観性（自らの利害や関心）を抜きにして客観的に見渡せるものだと子どもは誤解してしまう。その結果として、歴史や社会は動態的であり、働きかける対象であると考えることができなくなってしまうのである。自分を括弧に入れるような没主体的な歴史や社会への構えは、子どもを「なりゆきまかせの客体」にしてしまう。

それに対して「討論授業」は、「なりゆきまかせの客体から自らの歴史をつくる主体に変える」学習、「問い続け深く考える権利」、「想像し、創造する権利」、「自分自身の世界を読みとり、歴史をつづる権利」を保障する学習（ユネスコ学習権宣言）という性格をもっている。本書の実践記録には数多くの子どもの発言や意見が掲載されているが、それらを読むと、あるべき社会とはどのようなものなのか、私たちはいかに生きるべきかといった価値判断をどこかで下しながら、歴史や社会を意欲的に認識していることがわかるだろう。

ここでは、「討論授業」は基本的人権である「学習権」を保障する「平和教育」であることを強調しておきたい。

3 思考する「平和教育」の条件

こうした「討論授業」の立場からは、どのような「平和教育」を構想することができるのか。暴露・告発型を乗り越える、いわば思考する「平和教育」を創造するのに必要な視点や方法は何か。この点について、本書全体を見渡して二つのことを指摘しておきたい。

一つは、子どもを一人の人格としてリスペクトすることである。先述したように、教師の価値判断を性急に押し付けることは子どもの基本的人権を奪うことになりかねない。子どもが納得のいくかたちで戦争や暴力に関する事柄を探究し、平和と人権に関する価値や意識を主体的に獲得することは、「平和教育」とその担い手である教師への、つまりは社会を変革しようとする知性に対する信頼につながり、人間や社会を肯定する力になるだろう。社会科教師はそうした子ども一人ひとりの学びの過程に伴走し、その主体形成を粘り強く支援する点において専門性を発揮することが必要である(2)。

他方で、子どもが自らの常識に居直っている、いいかえれば、性急な価値判断を社会によってつかまされている状態は抑圧的状況なのであり、そこから子どもを解放することは「平和教育」の重要な役割であることも強調しておきたい。子どもの価値判断を揺さぶるような事実を教室に持ち込み、それらを提示し子どもに「思考」を促すことは重要である。

とはいえ、学校外の社会や家庭教育が子どもの政治的社会化に与える影響力の強さは計り知れない。学校教育だけが子どもの政治的社会化をもっぱら担っているのではない。子どもを平和の主体として成長発達させようとする意識性を強くもちながら、しかし、一教師の「平和教育」実践で子どもはそうは変わらないという断念の意識が「平和教育」を推し進める教師の側に必要なのだと思う。一つの授業で何もかも教え切らなくてはいけない、子どもを平和の主体として育てあげなくてはいけないという焦りは禁物である。

二つは、「平和教育」を教室のなかで完結させないことである。現実社会との具体的な接点で「平和教育」を展開していこうとする勇気が教師には必要である。いまある現実社会のなかで「平和」を考えることで、子どもは現実社会の矛盾に眼を向けるようになる。現実社会について学ぶなかで、自らの意見なり認識をつくることは、子どもが現実社会のなかに生きている以上、自らの生きている社会に関与することであり、社会の責任ある立場に身を置くことでもある。子どもが自らを歴史や社会を創造する主体であると意識するためには、自らをとりまく社会的、歴史的文脈への気づきが必要不可欠であるといえる。

別の言い方をすれば、子どもの生活との結びつきのなかで平和を考えることが、子どもが思考する

「平和教育」の条件ということになるだろう。戦争や暴力を過去の出来事として他者化するのではなく、子どもの生きる地域や生活世界のなかに生きられている戦争や暴力の経験に目を凝らし、それを教材化し、「平和教育」として対象化していくことが求められているのではないか。

この点で暴露・告発型の「平和教育」の問題点は、子どもが歴史や社会のなかに身を置いて考えるという状況的な思考を促さずに、現在の正義に子どもの視点を固着化させる、視野を封じ込めてしまう点に最大の問題があるといえる。人間はさまざまな歴史的、社会的制約のなかで生きている。そうした制約を課している社会秩序を意識してとらえ返し、他者との関係性のなかで自由かつ平等な生き方を求めるところに人間らしい平和的な生き方はあるはずだ。そうであるならば、思考する「平和教育」は、歴史や社会のなかで人間の生き方やその行為を規制する規範なり文化を問題にしようとするところに始まるといえるのではないだろうか。

4 平和を紡ぐ実践たち

以上の問題意識から、本章の各実践記録の要点や特徴を紹介する。

第1章の石上実践は、子どもの学区に隣接する地域の地場産業である芝づくりに着目し、「なぜ長野県の人たちがつくば市に芝畑を作ったのか」を問いかけるところから始まる。その歴史的経過について、歴史学者、満蒙開拓平和記念館、長野県佐久穂町図書館、芝生産会社に子どもが手紙で質問をし、その返事を教室で読み合うことで戦争史を学習していく。地域のなかにある戦争の痕跡に問いかけることは、「現在」の暮らしの場で「過去」の戦争を考えることであり、それはまさに歴史認識の問題である。そして、現在につながるものとして切実さをもって戦争をとらえるからこそ、子どもは平和に生きてあることの不思議さやその意味を身体の芯からつかみとることができる。かくして本章は、地域を教材化した「平和教育」の好例である。

第2章の三橋実践は、社会科のみならず、音楽や図画工作、総合的な学習の時間、運動会（特別活動）などと関連づけながら、一年間にわたって「沖縄」をテーマに迫った総合的な「平和教育」実践である。いまや沖縄の音楽や食文化は本土の日常のなかにあふれている。「さとうきび畑」や「島唄」、あるいはシーサー、エイサーといった子どもにとって身近な沖縄の文化を楽しみ、味わうところから始まり、最後は沖縄戦の歴史学習へと授業は展開し、平和の主体へと子どもは成長・発達していく。本章からは、教師が結論を変に焦らずに、脱力し、徹底して子どもの興味関心にしたがって授業をつくろうとする姿勢が、子どもの主体的な学びを保障することになることも見えてくる。

第3章の板垣実践は、二〇一五年九月に集団的自衛権の行使を容認する安保関連法が成立してまもない頃、「先生、本当に戦争になるんですか?」という子どものつぶやきを拾うところから始まる。板垣の実践的関心は「二度と戦争をしてはいけないと思いました」というありきたりな感想にとどまらない、反戦・平和の意識をどう獲得させるかにある。授業では、元日本兵で、中国、沖縄の前線で戦った近藤一さんの加害証言と、歴史のなかの少数者である良心的兵役拒否者の北川省吾の戦場から家族に宛てた手紙を子どもに比較対照させることで、同時代の社会規範を受け入れ、現実随従することの問題性を子どもに考えさせている。

第4章の髙橋実践は、一九一四年に朝鮮半島に渡り、朝鮮総督府の林業試験所で技師として朝鮮半島の緑化事業に携わる一方で、朝鮮固有の工芸品を調査研究し、一九三一年に四〇歳で早逝した浅川巧の歴史的な評価をめぐる「討論授業」である。浅川は朝鮮の人びとに対してどういうまなざしを向けていたのか、ひるがえって朝鮮の人びとはどういうまなざしで浅川を見ていたのか。日本の植民地支配の現実のなかで浅川をめぐるまなざしに着目することで、彼の思想と行動を同時代の状況との接点で多面的に考える授業が成立している。道徳教育のように偉人として英雄視するのではなく、朝鮮総督府の大義名分に沿いながらも、朝鮮の人びとと行動を共にし、その文化を理解しようとする矛盾や葛藤が授業では焦点化されている。浅川の歴史的な生き方とその評価は一筋縄ではいかない。だからこそ評価をめぐっての討論が必要なのであり、子どもは他者の認識や評価に耳を傾けながらよく思考判断し、それぞれの浅川巧像をつくりあげている。

第5章の鴇田実践は、安保関連法が成立した時点で、「戦争を憎み、平和を願う」感情をもちつつ、「戦争を阻止し、平和を守り築く」ために必要なことを現実的に考えることができる「平和教育」はどうあるべきかという問題意識から、国連の集団安全保障体制に日本が参加し、海外で自衛隊が武力行使することを認めるべきかとの原論的な問いを子どもに提示し、自由に討論をさせる授業である。鴇田は授業の最後に、テレビドラマ『さとうきび畑の唄』を子どもに視聴させる。教材としての是非はそれとして論じられる必要があるが、歴史学習と公民学習を切り離すことなく、より具体的には戦争体験と日本国憲法の平和主義の相互規定的関係を問うことが「平和教育」の重点課題であるとの問題提起に本章はなっている。

日清・日露戦争については政治史・外交史偏重の授業が多く、日本が戦争の勝利によって国際的地位を高めて先進国の仲間入りをしていくという国家の成功物語として語られ、日本人の子どもはその物語に自己を重ねて共感的に理解することが多い。それに対して第6章の四十栄実践は、「国家の論理」に絡めとられない「平和教育」を目指したものである。四十栄が着目するのは、戦場に動員された民間人である「軍夫」である。兵士ではない、民間人であるにもかかわらず、台湾や朝鮮で彼らが

「戦死」を遂げる事実をどう説明つけたらいいのか。本章は「軍夫」として戦場に動員された人びとの経験を徹底的に討論によって考えることで「近代」「国家」「暴力」をとらえ返す民衆史的視角からする歴史教育実践であり、有事法制下の民間人の戦争動員という現在の平和の課題と時代を跨いで踵を接している。

第7章の渡辺実践は、国民に防空の義務を課す防空法と一九四五年の千葉空襲を教材化し、銃後の民衆の戦争体験を考えさせる実践である。防空法は一九三七年に成立し、一九四一年の改訂では空襲時の避難禁止と消火義務がさらに課せられた。現在の私たちの感覚からすれば、空襲時に逃げるのは当然である。だが、銃後の民衆にとってそうではなかった。それはなぜか。「意外性」ということが戦争を批判的に考える足場となる。防空法を考えるとは同時代の人びとの「あたりまえ」(常識)＝強いられた行動規範を考えることであり、各個人の平和的生存権を保障しない国家権力のおぞましい姿に出会うことである。ひるがえって、現在の平和的生存権のあり方を国家権力との関わりで批判的に考えるようになる。それは国家を相対化する「市民」という平和の主体の誕生といえる。

沖縄をテーマにした「平和教育」というと、沖縄戦や基地問題をとりあげ、その実態についてともすれば子どもの感情に訴える情緒的な授業にもなりがちである。それに対して第8章の青木実践は、「針突」と呼ばれる近代以前からの沖縄女性の入墨という風俗・文化に着目し、沖縄女性の植民地近代の経験を考えさせることを課題とした挑戦的な実践である。具体的には、沖縄初の女性教員となり、率先して琉球衣装を捨て和装に切り替えた久場ツルのようなエリート女性と、日常生活における上からの性急な生活改善についていくことができずに、あるいは受け容れることのできなかった同時代の女性民衆との経験の差異を手掛かりに、沖縄における植民地近代の一断面に迫っていく。久場ツルへの同時代のまなざしを問題にする展開は第4章の髙橋実践と響きあっている。髙橋実践・青木実践ともに文化の政治性を問うことで、暴露・告発型の「平和教育」と異なる授業を志向している。

第9章の松井実践は、現代日本の自殺死亡率が男女ともに主要国で高い水準にある事実を提示したうえで、自殺は個人の自己責任なのか、政府による自殺対策の取り組みをどう見るかをめぐる「討論授業」である。教師が自殺の社会的原因とそこから導かれる対策を解説するのではなく、子どもによる討論で自殺の自己責任論が成立する根拠を議論していく。討論には現代社会を生きる子どもの利害関心が、彼らが生きる文化状況が持ち込まれる。実際の授業では社会のコストとして自殺を問題化する意見が出され、次第にいじめ自殺の問題へと議論の焦点は変化していった。松井実践にはコンシャスネス・レイジング（意識覚醒）という側面が濃厚にあり、そこでの討論はいじめ経験についての自由な語り合い、聴き合いという性格をもっている。それは雑談的といえなくもないが、取るに足らないものとして見るのか、お互いの人格を尊重しながら意見をたたかわせるためのレッスンと見るかで、その評価は分かれるのではないだろうか。

河辺による第10章は、安房・館山地域で高校の社会科教員を務め、二〇〇四年に早期退職し、NPO法人安房文化遺産フォーラムを設立した愛沢伸雄（千葉県歴教協）と、四半世紀にわたり地域で取り組まれているウガンダ支援活動の歴史と実際を追跡した論稿である。当時旧安房南高校の教員であった愛沢は、売春防止法に基づく全国唯一の婦人保護長期収容施設である「かにた婦人の村」の女性たちの生と性を主題にした授業を行なう。この授業に心を揺さぶられた子どもが「何か自分たちにできることはないか」と模索したのがウガンダ支援活動の始まりである。地域教材による「平和教育」の実践だからこそ、その学びは教室を越えて広がり、地域社会を変えていく可能性を有する。

第11章の小薗実践は、筆者の本務校である東京成徳大学で発足した学生有志による歴史サークル空襲研究会の活動記録である。当事者への聞き取り、平和資料館、歴史博物館での校外学習、映画『この世界の片隅に』の鑑賞など、さまざまな教育機会をつかまえて、空襲・戦争の非体験者である学生および教員（小薗）は空襲体験とは何であったのかを、いまそれを学ぶ意味や意義がどこにあるのかを確かめながら学んでいく。戦争を学ぶとは平和の尊さを知ることだといった通俗的な結論にとどまらず、個別具体的に歴史のリアリティに迫っていく作業の過程に学びの深さや豊かさが担保される。学びの成果は学内で「空襲展」を開催することで広く他者に向けて発信され、マスメディアによってもとりあげられる。空襲研究会の学びは展示行為やマスメディアの記事を介して同時代の日本社会における戦争の記憶をかたちづくる実践的なものであり、その営為は歴史を創造することに等しい。

以上、本書に所収されている小学校から大学までの「平和教育」実践は、子どもが主体的に歴史や社会を考え、その成果を他者に表現するという点で共通する点も多い。各学校種を超えて、それぞれの実践から多くのことを私たちは学ぶことができる。

そのほかに本書には、思考する「平和教育」を創造するのに必要な発想や視点、教材研究のあり方に示唆を与えるものとして、①各種コラムや、②教員時代より千葉県歴教協で活動するかたわら、千葉県における関東大震災と朝鮮人犠牲者をテーマに歴史の掘り起こしに取り組んできた大竹米子、平形千恵子の聞き取り、③東京学芸大学の特任教授であった加藤公明ゼミ生による座談会を収録した。そちらも合わせて読んでいただければと思う。なお、本書に登場する子どもの名前はすべて仮名である。

［注］

（1）目良誠二郎「福沢諭吉の視点から柳宗悦の視点へ――日朝関係史のバクロ型授業を乗り越える試み」『歴史地理

教育』第四六五号、一九九〇年一二月。

（2）社会科教師としての問題意識を研ぎ澄まし、授業の力量を形成するうえで、千葉県歴教協のような民間の社会科教師サークルに参加し、そこで仲間とともに学ぶことは有益である。授業に限らない職場での悩みや愚痴も言い合え、学校間の情報交換も可能である。授業実践に応用が効くような仕方で学問的成果を教師サークルで学ぶことについては、加藤公明「教師たちの『岩波講座日本歴史』学習会」『岩波講座　日本歴史月報22』二〇一六年一二月を参照。

第1章

なぜ、長野県の人がつくば市まで来て芝畑を作ったのか

石上　徳千代

1　つくば市の芝畑と陸軍飛行場

茨城県つくば市は芝の栽培面積が日本一である。つくば市内を自動車で走っていると、たくさんの芝畑が目に入る。つくば市の芝栽培は、戦後の開拓に由来する。芝栽培が始められたつくば市北西部にある白水《しらみず》と南作谷《みなみつくりや》の両地区には、かつて西筑波陸軍飛行場があった。終戦後に、政府は軍用地の開拓を進め、農地への転換を目指した。食糧不足を解消するためである。西筑波陸軍飛行場も緊急開拓事業の対象となり、戦後移民してきた人たちを中心に開拓された。白水では自生していたノシバを採取し、出荷しはじめた。一九五七年には第一次ゴルフブームが到来し、芝の需要が増加した。そのため、白水ではノシバがなくなると造園会社に芝栽培を勧められた。一九五七年に作付けを開始し、一九六〇年から出荷しはじめた。南作谷でも同様に、一九六〇年から芝栽培が始まった。一九六九年頃になると第二次ゴルフブームとなり、つくば市の芝栽培はこの白水、南作谷から広がりを見せた。現在では、つくば市の北西部の地域を中心に、ほぼ全域で生産されている(1)。

白水に移住して芝栽培を始めたのは、長野県旧大日向《おおひなた》村の人たちである。大日向村は、最初に満州への分村移民を決定した村である。一九三七年に満州分村移民を送り出し、モデルケースとして宣伝された村である。茨城県旧大穂《おおほ》町（現つくば市）へ一四戸（文書上は一八戸）による開拓団の移民があり、白水の西筑波陸軍飛行場の土地の開拓が進められた。また、飛行場は隣接する南作谷にもまたがっている。こちらには、飛行場にいた元兵士が呼び寄せた家族や親戚を中心に開拓団を形成している。西筑波陸軍飛行場は、この二つの開拓団により、約三年にわたって農地化が進められた。

小学校四年生では、「県内の特色ある地域の人々の生活」を学んでいく。「特色」としてあげられるのは、自然環境、伝統や文化などである。茨城県で広く使われている副読本『わたしたちの茨城県』では、自然環境を生かした事例としてつくば市が取り上げられている。観光資源として活用されている筑波山の様子が紹介されている。その学習の中で、つくば市の芝栽培も取り上げ、その歴史にふれたいと考えた。そして、「なぜ、長野県の人たちがわざわざ茨城県のつくば市にやってきて、芝栽培を始めたのか?」という問題提起を行ない、問題解決をする学習を構想した。問題解決をする中で、満州への移民、戦後の食糧難など、戦争がもたらしたさまざまな困難について学習する。また、満州への移民について考えると、中国への加害、棄民の問題についても考える機会ができる。戦争と平和について考える学習となる。さらに、当時から芝栽培に関わる人たち、茨城県内の戦争遺跡や大日向村の満州分村などに詳しい専門家とつながりたい。切実さをもって問題解決を進め、他人ごとではなく、子どもなりに戦争の悲惨さを感じたり、平和の尊さを考える学習にしたい。

2 なぜ、そして誰が飛行場を芝畑に?

私はつくば市に住んでいる。自宅の近隣には芝畑が広がっている。その様子を写真で紹介した。その際、芝畑であることは告げずに写真を提示した。

「私の家はつくば市にありますが、その家の近くにある畑の写真です。つくば市は、ある農作物が全国で一番たくさん作られています。この畑はその農作物を作っています。いったい何を作っている畑でしょう?」

子どもたちは、写真を見ながらグループで考えはじめた。「ホウレンソウ」「ダイコン」などと声が聞こえた。しかし、戸惑っている子も多かった。全体の学習に戻したが、「芝」という正解は出てこなかった。子どもから「給食で出るの?」「おいしいの?」と質問が出た。「給食では出ないし、食べたことがないから、おいしいかどうかわからない。たぶん、おいしくないと思う」と答えた。しばらくすると、小林が「わかった、芝生だ!」と答えた。「そう、正解!」と答えると、「食べ物じゃないのか!」「芝生って畑で作るんだ!」「だから公園みたいな写真なのか!」などと発言しはじめた。子どもたちには、つくば市は全国一の芝の栽培面積である事実、平坦な土地が多く芝栽培に適している事実、校庭全体が芝になっている小学校もある事実などを伝えた。

つくば市の芝畑の多くは台地上にあり、かつて陸田であったところが多い。陸田は、川沿いの低地に広がる水田とは異なり、地下からポンプで水を汲みあげて台地上につくられた水田である。そのため、台地上の芝畑にはポンプ小屋の跡が多く残されている。子どもたちに提示した芝畑の写真にも、ポンプ小屋の跡がある。この写真を見せながら、次のように発問した。

図1-1　元陸田の芝畑とポンプ小屋の跡

「つくば市のほとんどの芝畑には、写真のような小屋が建っています。場合によっては、小屋が壊れてしまって、その跡だけ残っているところもあります。この様子から、芝畑になる前が何であったのかがわかります。芝畑になる前は何だったと思いますか?」

子どもたちが注目したのは、地下につながっているパイプ、小屋につながってる電線、小屋の中にある機械などである。多くの子は、ポンプで地下から水を汲みあげている、と考えた。そして、おそらく地下水を利用した水田ではないか、と考えた。かつては水田であったが、芝畑にしたところが多い事実を説明した。

しかし、例外がある。それが元西筑波陸軍飛行場であった土地を開拓してできた芝畑である。子どもたちに、その芝畑の写真を示した。そして、今度の芝畑はポンプ小屋がない事実、かつて水田ではなかった事実を説明した。さらに、地形図でその場所を確認し、かつて水田であった芝畑よりも土地が広大である事実も確認した。写真を見ても、土地の広さが伝わってくる。ここで、次のように発問した。

「この芝畑はかつて水田ではありませんでした。しかも、かなり土地が広いようです。この芝畑はかつて何だったと思いますか?」

難しかったようで、子どもたちはなかなか反応しなかった。予想もできない様子であった。そこで、この芝畑の横に建つ記念碑を紹介した。この記念碑は、西筑波陸軍飛行場を開拓して芝の生産を行なう会社を興した初代社長のMさんが二〇一五年に建てたものである。記念碑には「筑波芝発祥の地」とある。碑文には、西筑波陸軍飛行場の開拓からつくば市が芝の一大産地になるまでの経緯が示されている。碑文を読みながら、芝畑がかつて何であったのか、どのように芝畑になったのかを考えた。国語辞典を活用し、グループで協力して碑文の内容を読み取った。碑文には、「当地区(現つくば市南作谷)は、元陸軍飛行場の跡地」とある。金海が「戦争に関係がありそうだ」とつぶやいた。子どもたちは、芝畑が戦争と関係がありそうだと予想した。その意外性から興味がわいてきた。

授業後のノートには、「なぜ、飛行場を芝畑にしたのか?」「誰が芝畑にしたのか?」という疑問が書かれていた。碑文をよく読めばわかるのだが、理解できていないようであった。この碑文や別の資料を読み込んで、この疑問について調べることにした。

次の授業の冒頭で、金海が「陸軍飛行場だから戦争が終われば使わないので、その土地を畑にしようと考えたのだと思う」と発言した。しかし、碑文には「惨敗した日本国は、衣食住にも事欠いていた」とあり、「芝じゃなくて、野菜を作ればいいのに」という発言もあった。

そこで、「なぜ、飛行場を芝畑にしたのか?」という前時にもった疑問を意識しながら、碑文を再度グループで読み込んだ。読んでいくと、「我々は、食糧増産のために入植し開墾したが、この土地は痩せ地で収穫は儘《まま》ならず、何年も不作の年が続き当地区の生活は、困窮の限界に至った」とある。そして、「ラジオの……番組で、痩せた土地でも育つ芝生が、ゴルフブームで、高値で売れる話を聞き、芝生の栽培に望みを託《たく》した」とある。子どもたちは、読み取りの中で、最初から芝畑にするつもりではなく、野菜などの食糧を生産したかった事実を理解した。しかし、土地が痩せていたために思うように育たなかったので、痩せ地でも育つ芝の栽培

図1-2　芝畑の横に建つ記念碑

に踏み切った事実をつかんだ。

また、前時にもった「誰が芝畑にしたのか?」という疑問も、「我々は、食糧増産のために入植し開墾した」という碑文の文言に注目し、記念碑を建立したMさんたちが最初に開拓を始めた事実をつかんだ。

さらに、つくば市合併前の旧大穂町で編纂された『大穂町史』(一九八九年)にある「飛行場跡地の開拓」という文章を配布した。(2) 子どもたちが読むと、冒頭に「昭和二十五年二月、長野県大日向村……から十四戸が開拓団として飛行場跡の白水の地に入植した」という一文がある。長野県旧大日向村は、現在の長野県佐久穂《さくほ》町である。地図帳で確認すると、つくば市からかなり遠いことがわかる。『大穂町史』を読み進めると、「白水一帯の畑は芝におおわれるようになった」とある。つまり、長野県旧大日向村から入植した人たちが、芝栽培を始めたことになる。干場は、私の目の前で「どうして、わざわざこんな遠いところまで来て、芝作りを始めたんだ?」と疑問をつぶやいた。子どもたちのノートには、「記念碑を建てたMさんも長野県の人なのかな?」「なぜ、長野県の人たちがつくば市に来たのかな?」という疑問が見られた。

3 なぜ、長野県の人たちがつくば市に芝畑を?

子どもたちには、「なぜ、長野県大日向村の人たちがわざわざつくば市に来て、芝を作りはじめたのか?」という疑問がわき起こっていた。そこで、大日向村がどのような村なのかを資料を読んで確認した。

大日向村は、満州分村移民のモデルケースとして知られている村である。村全体の約四〇〇戸のうち、半数の約二〇〇戸を満州に送り出す計画を立て、約七〇〇人が満州に渡った。そのうち、半数以上の人たちが亡くなり、終戦の翌年になんとか長野県に帰ってきた。以上の経過がわかる資料を配布した(3)。また、そもそも小学校四年生の子どもたちにとって満州に渡る理由が理解できない。そこで、小学校六年生の教科書の一部も地図付きで配布し、昭和恐慌、満州事変、「満州国」の建国までの歴史について学んだ。子どもたちは、このような歴史にふれると、ますます「なぜ、満州に行った大日向村の人たちがわざわざつくば市に来て、芝を作りはじめたのか?」という疑問をもった。しかし、ただでさえ小学校四年生にとって難しい疑問である。大日向村の満州移民について知ると、さらに難易度が高くなってしまった。

そこで、子どもたちの疑問を解決するために、疑問に答えてくれそうな方々に手紙で質問する学習を提案した。「手紙を書く」という活動にわくわくしたようで、賛成してくれた。

しかし、小学校四年生にとって、いきなり質問先を決めて、質問の内容を考えるのは難しい。学習の中で手紙を書いた経験もない。そこで、書き方がわかるように、卒業生が別の学習で書いた質問の手紙を手本として示した。また送付先については、いくつか候補を示した。それぞれの送付先がどのような方なのかを説明した。そして、考えた質問をどこに送付すればよいのかを考えさせた。ただし、授業での最大の疑問である「なぜ、長野県大日向村の人たちがわざわざつくば市に来て、芝を作りはじめたのか?」という質問は、必ず入れた。手紙を書くのも大切な学習なので、一人一枚の手紙を書いた。そして、書いた手紙を送付先ごとにとりまとめ、代表の子どもが清書した。

最終的な質問の手紙の送り先と質問内容は、次のとおりである。

A　伊藤純郎さん（茨城県内の戦争遺跡に詳しい筑波大学教授）
①陸軍飛行場だったとき、何機くらい飛行機があったのですか。
②なぜ、陸軍飛行場をしば畑に開拓したのですか。なぜ、茨城空港みたいに空港にしなかったのですか。
③戦争の時代に、長野県大日向村の人がたくさん中国の満州に行ったことを知りました。そして、大日向村の人たちがつくば市に来てしば畑を作ったことを知りました。なぜ、満州から帰ってきた大日向村の人たちがつくば市に来たのですか。

B　満蒙開拓平和記念館（長野県にある「満蒙開拓」に特化した記念館）
①長野県大日向村の方たちの半数が土地不足を解決するために満州へわたったと聞きました。「満州へ行けば広い土地がもらえる」と聞きました。しかし、満州にわたった方は、たくさんお亡くなりになったと知りました。満州にわたってよいことがあったのでしょうか。
②なぜ、長野県の大日向村の人たちがつくば市に来たのですか。

C　長野県佐久穂町図書館（旧大日向村があった町の図書館）
①なぜ、長野県大日向村では、たくさんの人たちが中国の満州に行ったのですか。
②なぜ、戦争後に長野県の大日向村の人たちは、つくば市に来たのですか。

D　芝生産会社の株式会社S（記念碑を建てた方が興した南作谷の芝生産会社）
①どのようにして飛行場をしば畑にしたのですか。たいへんだったのではないですか。
②なぜ、長野県の大日向村の人たちがつくば市に来たのですか。
③Mさんはもともと長野県の人なのですか。
④記念ひに「芝に感謝している」と書いてありましたが、なぜ、Mさんは記念ひを建てようと思っ

たのですか。

E　芝生産会社の株式会社K（大日向村からの移民の方が多い白水の芝生産会社）

①どのようにして飛行場をしば畑にしたのですか。たいへんだったのではないですか。

②なぜ、長野県の大日向村の人たちがつくば市に来たのですか。

子どもたちの質問の手紙に、私が書いた依頼の手紙と切手を貼った返信封筒を同封し、それぞれ郵便で送付した。

4　手紙で学ぶ子どもたち

質問の手紙を送付すると、ありがたいことにすべての送付先から回答をいただいた。多くの回答は、それだけにとどまらず、貴重な資料まで添えていただいた。たいへん丁寧な回答が多かった。小学校四年生にもわかるように配慮してくださった記述も多かった。一つ一つの回答を丁寧に読みたいと思い、一時間の授業につき一通ずつ読み込んでいくことにした。そして、読んで学んだことや、さらに疑問に感じたことをノートにまとめたり、意見交流したりする学習を行なった。

伊藤純郎さんには、「なぜ、陸軍飛行場をしば畑に開拓したのですか」という質問をした。伊藤さんからは、たとえば「アジア・太平洋戦争が終わった直後の最大の課題は、開拓による食糧の自給」であり、「国内の人びとだけでなく、約六六〇万人に及ぶ海外からの復員や引揚者たちの食糧をいかに確保するかが最大の課題」であった、と教えていただいた。そして、茨城県は「兵舎などの施設や飛行場など平坦かつ広大な土地があったため、最初に開墾の対象」となり、約一万人の移民を受け入れた事実を教えていただいた。また、一九四五年四月までに「約二四〇人の滑空機操縦者が養成され、多くの者が戦争の末期にフィリピンで戦死」したとある。一通目の手紙から、このような悲しい事実にふれた子どもたちの感想には、「戦争はいやだ」「なぜ、戦争をするのか」という感想が見られた。

長野県の満蒙開拓平和記念館は、Mさんから回答をいただいた。Mさんは、子どもからの「満州にわたってよいことがあったのでしょうか」という質問に回答してくださった。その際、サイコロの写真を示しながら、「歴史のことはいろいろな面から学ぶことが大切」と前置きしたうえで回答してくださった。大日向村で「土地をあまり持っていなかった人たちは、満州へ行って土地を手に入れ」、「中国の人たちを使用人や小作人として使う立場になった人も」いた事実が紹介されていた。しかし、満州はもともと日本のものではなく、「日本が武力によって手に入れた土地」であり、「開拓団の人たちにあたえられた土地は、もともと中国の人たちの畑だったところも多」く、「中には住んでいた家や土地を追い出された人も」いた事実が綴られていた。そして、満州開拓には「中国の人たちのかけがえのないものをうばうという面」があった事実が説明されていた。手紙を読んだ長谷川は「自分の土地を日本人にうばわれた中国人はどうしたの？」と疑問をノートに書いた。また石川は、「このとき、満州で日本が中国人を追い出してしまったから、いま日本と中国の仲がよくないのかなあと思った」とノートに書いた。

長野県の佐久穂町図書館からは、図書館司書のDさんから回答をいただいた。Dさんは、「なぜ、長野県大日向村では、たくさんの人たちが中国の満州に行ったのですか」という質問に対して、回答してくださった。子どもたちが一番関心を示したのは、満州分村計画を国が支援した事実である。手紙には「国としても満州へたくさんの人を送りこんで満州を支配したい、貧しい国内の農村を改善したいと考えていたので、大日向村の分村計画には大賛成で積極的に支援しました」とある。そして、「ほかの村のお手本になるように、たくさんの助成金をくれました」とある。回答の最後には、満州に渡った村の男性が兵隊にとられた事実、終戦により中国の収容所に入った事実、「もう逃げられない」と思い集団で死ぬことを選んだ人たちもいた事実、逃げる途中で現地の人に子どもを預けざるをえなかった事実などが綴られていた。そして、「苦しい生活からのがれて夢をいだいて満州へ行った人たちは、国からは助けてもらえずにみんな帰国した」と説明されていた。こうした回答をふまえ、多和は「国の人がオススメしたのに、たすけてくれなかった。どうして、たすけてくれなかったのかな」とノートに疑問を書いた。また、手紙を読んだ沼田は大日向村の人たちが「よくばりすぎた」からだめだった、と考えた。沼田のノートには、「(大日向村の人たちは)よくばりすぎたから自分がいやなめにあったんだなと思いました」「よくばりすぎているということがあるから、自分はそんなことになりたくないなと思いました」と書かれていた。

芝生産会社の株式会社Sからは、会社を興した初代社長のMさんから回答をいただいた。また、芝生産会社の株式会社Kからは、会社を興した方の娘さんであるKさんから回答をいただいた。MさんやKさんの手紙には、飛行場を開拓し、畑にする苦労が綴られていた。福島県出身で飛行場にいた兄を頼ってやってきたMさんの手紙には、コンクリートをはがして石を拾い、畑にするまでに約三年かかった、とあった。土地が瘦せていたためになかなか良い作物が作れず、たいへんな作業であった事実が書かれていた。また、「芝生に感謝の気持ちを示す」ため、「筑波芝の発祥の地を知って」もらうために記念碑を建てたという経緯が書かれていた。一方、大日向村出身の中根さんの手紙には、幼少の頃の開拓の様子と、父が麦畑を芝畑にした様子が書かれていた。最初は、同じ開拓仲間に「『頭がおかしくなった。』と異常と見られていた」が、少しずつ仲間が増えていった経緯が書かれていた。

そして、Kさんの手紙の最後には、「私にこのような機会を与えてくださいました中根小学校四年生の皆様、感謝します」とあった。これを読んだ吉牟田は、「私たちが手紙を出したのに、『このような機会を与えてくださりありがとうございます』っていってくれた」と書いていた。また大林は、Mさんの手紙を読んで、「記念ひを建てたのは、感しゃの気持ちだけじゃなくて、もっと知ってもらいたいなどいろんな意味があって、記念ひを建てたのかな」と書いた。自分たちの手紙が、当事者であるMさんやKさんの返信につながったこと、そして、この歴史を振り返って発信する機会はMさんやKさんにとって有意義であったことを、子どもなりに感じ取っている。

五通の手紙を通して、最大の疑問「なぜ、満州に行った大日向村の人たちがわざわざつくば市に来て、芝を作りはじめたのか?」についても、子どもたちは理解していった。戦後、満州から帰ってきた大日向村の人たちであるが、満州に渡る際に家や土地などを処分してしまい、生活基盤を失っていた。そこで、再度開拓生活に入ることになり、一九四七年に六五戸一六五人が軽井沢へ移民した。そして、大日向村に残っていた人たちも茨城県や旧大穂町（現つくば市）の誘いもあって、一九四九年一二月に三人が入植し、一九五〇年二月から一四戸（文書上は一八戸）が飛行場の兵舎で開拓生活を開始した。大林は、「戦争が終わってからも食糧のことが大変だったりした。戦争も大変！　終わってからも大変！」とノートに書いた。大林は、戦争が終わればすぐに平和になるわけではない事実を学んだ。

5 芝畑の事実から広がる学び

単元学習の最後に、次のような発問をした。

「五通の手紙を読んできましたが、みなさんはどんなことを学んだり、感じたりしましたか。また は、新たにどんな疑問をもちましたか。ノートにまとめてみましょう。」

子どもたちは、さまざまなことを感じた。一番多く感じたことは、「戦争は二度とやってはいけない」というものである。

> 教科書では分からなかったことを手紙で質問して、分かったのでよかったです。戦争はすごくいやなことばっかりだから戦争はしたくないなあと思いました。（沼田）

日本が満州を支配した事実から、日本と中国の仲を心配している子も多かった。

> 日本はなぜ、満州というところに行ってしまったのかなと思いました。（日本の満州の支配が）終わったら、満州の人たちは、予想だけど、とてもおこっていたと思います。（石川）

当時の政府が満州移民を推進していたのにもかかわらず、最終的には満州移民を棄民化したことにも、子どもたちの関心が集まった。

どうして、国の人は満州に行った人を助けてくれなかったのかな。戦争にまきこまれて八万人の人がお亡くなりになられたけど、一九万人の人はどうやって生き残ったのかな。（多和）

国は、満州に行くときはさんせいしてくれたけど、帰るときには何も協力してくれなかったから見すてたのと同じではないかなあ？　でも、国もそれどころではなかったと思うけど……。帰るときはお亡くなりになられた人は多いから……。（三塚）

三塚は、ノートに「しば畑のことからいろいろなことにつながっていくんだなあと思いました」と書いた。三塚は、祖父と散歩をしていたときに、ポンプ小屋の跡があったので、今回の学習について話した。そのことを学級だよりで紹介すると、祖父は喜んでくれて、「いい勉強しているねえ」と言ってくれたそうである。

小学校四年生にとって難しい内容の学習であった。しかし、子どもたちは、芝畑が戦争の歴史に関連していた事実を資料から読み取ったり、自分たちが出した手紙の回答を読んだりして、意欲的に学習し続けた。それは、子どもの疑問を授業の中にきちんと位置づけたからである。子どもたちは、具体的な事実にふれる中で、その事実と自らの常識とを比較しながら疑問をもった。子どもがもった疑問を生かして、問題提起した。このとき、子どもの疑問を生かすには、問題提起を急がない配慮が大切である。

たとえば、「なぜ、長野県の人たちがわざわざ遠いつくば市まで来て、芝畑を作ったのか」という疑問は、具体的な事実を知っていく中で生まれた。すぐに疑問をもったわけではない。授業では、この疑問をもとに問題提起をした。しかし、問題提起まで時間をかけて、急がなかった。すぐに問題提起をしても、子どもたちに切実さをもって受け入れられなければ、教師による独りよがりで終わってしまう。今回の問題提起では、探究する価値のある問題として子どもたちに受け入れられた。持続した意欲は、このためである。

小学校中学年の社会科では、地域の具体的な事実を大切にする。子どもたちは、地域の具体的な事実を見つめていく中で、疑問をもつ。疑問をもつスピードは、ゆっくりである。この疑問を授業にきちんと位置づけるかどうかで、子どもたちの意欲が決まってくる。

今回の最大の成果は、地域の歴史から学びをスタートさせて、多くの子どもたちが最終的に「戦争は二度とやってほしくない」という思いを抱いたことである。そして、なかには日本と中国の仲を心配したり、満州移民が棄民化されたのではないかと新たな疑問を抱いたりした子もいた。質問の手紙を書いたり、いただいた回答を読んで考えたりする学習により、芝畑の歴史を戦争の歴史に「広げる」ことができた。

課題は、手紙を読んで抱いた思いや疑問などを議論することで「深める」学びに迫れなかった点である。たとえば、「どうして、国の人は満州に行った人を助けてくれなかったのかな」という多和の疑問、「国は、満州に行くときはさんせいしてくれたけど、帰るときには何も協力してくれなかったから見すてたのと同じではないかなあ?」という三塚の疑問を学級全体に投げかけたら、子どもたちはどのように考えたのだろうか。多和や三塚の疑問について考えると、戦争の本質に迫っていくのではないか。小学校四年生が価値のある疑問をもったからこそ、「深める」学びが必要であったのではないか。

多くの方々に支えられた実践である。このような実践の経験を大切にしていきたい。(なお、本実践は前任校の牛久市立中根小学校でのものです。)

[注]

(1)伊藤純郎『フィールドワーク茨城県の戦争遺跡』平和文化、二〇〇八年。小野寺淳・森本健弘・上木原静江「つくば市を中心とした芝栽培の地域的展開」『地域調査報告』第一四号、一九九二年。

(2)「飛行場跡地の開拓」『大穂町史』一九八九年。

(3)井田麟太郎「満州分村移民、村を出る」『写真記録　昭和の歴史二　非常時日本』小学館、一九八四年。

COLUMN

歴史、掘り起こしてみませんか

江連　崇

そもそも「掘り起こす」って？

「歴史を掘り起こすって何？」と思った人も多いでしょう。「なんか大がかりな作業」だと思う人もいるかもしれません。安心してください。考古学のような遺跡を発掘することだけが「掘り起こし」ではありません。ここで言う「掘り起こし」には、スコップもハケも特別な知識もいりません。必要なのは、みなさんの「歴史を学びたい」という気持ちです。この気持ちが一番重要なのです。ここでは「歴史の掘り起こし」についてご紹介していきたいと思います。

そもそも私たちが学んでいる「歴史」とは何なのでしょうか。そこを通らないと「掘り起こし」を理解することはできません。「歴史とは何か」の問いについて明確かつ簡潔に説明できる人はそう多くはないでしょうし、私も自信はありませんが、私なりに「歴史」について考えていきたいと思います。

小中高と歴史に触れる機会は授業でありますし、テレビや雑誌を見ても歴史を取り上げたものがありますね。では、それが歴史のすべてなのでしょうか。おそらく違います。さまざまな場面で取り上げられ、話題になる歴史は「歴史の断片」でしかないのです。「今を生きる人」によって選択され取り上げられた歴史なのです。では選択されない歴史は、学ばなくてよく、次世代に継承しなくてよいのでしょうか。おそらく違いますよね。歴史とは大小問わず、過去に起こった出来事や考え方すべてを指します。教科書やテレビ、本などで取り上げられる「歴史」は、作家や編集者などによって「選択された歴史」なのです。

さて「選択」という言葉がでましたが、では、私たちの選択対象となる「歴史」は、過去に起こった出来事すべてなのでしょうか。これも、もちろん違います。世の中には埋もれている歴史がまだまだたくさんあるのです。偉人と呼ばれる人びとや国家の歴史は、地上に出ているものですが、民衆と呼ばれる一般市民の歴史は、まだまだ地下で眠っていることが多いのです。埋もれている歴史を掘り起こすこと、これが「歴史を掘り起こす」ことです。

掘り起こしをしてきた人

この「歴史を掘り起こす」という営みは、戦後の日本社会においてさまざまな場面で行なわれてきました。ここでは代表的な人物を紹介したいと思います。

小池喜孝《こいけきこう》という人物です。この方は、戦後北海道の北見市で高校の教員をしていました。そして、地域においてさまざまな掘り起こし運動を展開していきました。例えば明治期の北海道の囚人労働についての掘り起こしでは、丹念な聞き取り調査、フィールドワーク、資料調査を通して「埋もれてしまった歴史」を掘り起こしていったのです。

北海道は明治以降、国家の近代化への思惑から開拓が急速に進みます。北海道は資源の宝庫です。この北海道を開発していくことは近代化をするにあたってとても重要だ、と当時の国家は考えたのです。しかし、北海道は原生林の生い茂る険しい場所です。開拓には危険が付きまといます。そこで囚人に目を向けたのです。罪を犯した「悪い人」なら、もし作業中にケガをしたり、万が一亡くなったとしても問題ないと。今では観光地として有名になった網走監獄も、囚人労働による幹線道路の開削のために設置されたものです。もちろん、多くの囚人らが開拓で犠牲になりました。小池は、この掘り起こしによって国家に翻弄された人びとの無数の声を現代に蘇らせたのです。この埋もれてきた歴史の掘り起こしは、学生や主婦など多くの市民にも影響を与え、さまざまな人が参加をしました。そして北見市内はもちろん、道内外に民衆史運動として普及していきました。

小池は、囚人の歴史だけではなく、アイヌの人びと、足尾銅山鉱毒事件で故郷を出て北海道に移住した人びと、朝鮮半島出身者など、さまざまな歴史について掘り起こしを展開していきます。この対象となった人たちの歴史は、小池らが掘り起こしたことによって、現代に蘇ったのです。

私の掘り起こし──樺太引揚者の声

私の住んでいる町は、北海道の北部にある名寄《なよろ》という町です。人口三万人弱の小さな町。私は、そこにある小さな大学で福祉の歴史などを教えています。二年前に、学内に学生と一緒に歴史サークルを立ち上げました。私なりの「掘り起こし」を、ここでは紹介したいと思います。

北海道に住んでいると、樺太《からふと》という言葉をよく聞きます。もしかしたら、地理的にも近いからという理由もあるかもしれませんが、それだけではありません。樺太は、戦前多くの北海道民が渡り、そして戦後多くの人が引き揚げてきたところです。私は、これまで日本史の授業などで樺太という言葉を耳にすることはありましたが、その実態はよくわからず生活をしていました。ある時、友人の学芸員と雑談をしていると、市内に住んでいる樺太引揚者の聞き取りをしてみないかと話を持ちかけられました。北海道には多くの樺太引揚者が生活をしていますが、戦後七〇年以上が過ぎた今、引揚者に出会うことはなかなか難しく、めったにない機会だと思い、聞き取りをすることにしました。

歴史サークルの学生と一緒に聞き取りをして、そしてその成果を展示し、当日は学生がガイドをすることになりました。もちろん樺太での生活や引揚時の体験自体に私自身も関心がありましたが、引揚者の話を聞いて学生たちがどのような反応をするのか、とても興味があったのです。対象者は三名（男性二名、女性一名）でした。

学生たちと私は何度も対象者の自宅に通い、聞き取りを続けました。学生にとっては、日々の勉強やアルバイトに追われるなかで簡単なことではなかったと思います。本当にすごいことだと思います。週に一回行なう検討会では、インタビューの内容や聞き取り中の出来事、悩みなど、さまざまなことを話し合いました。どのようにしたら彼女／彼らの「語り」を受け止めることができるのか、悩みながら聞き取りを続けていきました。

引揚経験者の語りは、私たちの心を揺さぶるものでした。私たちは、教科書的な「樺太」のイメージしか持っておらず、いつの間にか引揚者という存在をひと括りにしていたことがわかってきたのです。三人の語りは、樺太で過ごした日々、引揚時の体験、引揚後の生活とそれぞれ違うもので、それぞれの人生がそこにはあったのです。
聞き取りをした男性の一人は、「戦後」引揚げまでの二年間、樺太に留まりました。そのときのことを「戦中よりも緊張感があった」と私たちに言いました。戦中は、比較的穏やかで、お祭りなどにも行っていたが、「戦後」は食料を集めるのに必死だったと、過去の自分についてつらい記憶をたぐりよせ、私たちにゆっくりと、丁寧に語ってくれました。引揚げのとき、彼はキャッチャーミットと漢和辞典のみ抱えて船に乗りました。キャッチャーミットは野球をするためではなく、日本に戻ったらミットの皮を高く売れると思ったから。漢和辞典は、できなかった勉強をどうしてもしたかったから。大切にとってある表紙のない漢和辞典をテーブルに置き、男性は語りました。

何万人もいる樺太で生活していた人びとのたった三人の語りであり、それは、歴史を動かす「重要なモノ」ではないかもしれません。しかし、今を生きる学生と私は、その語りにより悩み、笑い、そして心を揺さぶられたのです。聞き取りをしなければ、その経験は埋もれて、そして私たちは樺太と向き合うことはなかったでしょう。

展示会は盛況でした。高校生から九〇代の高齢者まで多くの人に来ていただき、来場者は樺太への思いを話してくれました。そこには、とても感動的な出会いもありました。展示に訪れた方の家族が聞き取り対象者のクラスメイトだったのです。展示がきっかけとなり、その後数十年ぶりに、かつて樺太の地で共に青春時代を過ごした旧友との再会を果たすことができました。

小さな出来事かもしれません。小さな掘り起こしかもしれません。しかし、このまま埋もれてしまったかもしれない小さな歴史に、私たちは立ち会うことができたのです。この掘り起こしは、きっと現代社会を生きていく私たちの大きな財産になるでしょう。

掘り起こしにはスコップもハケも特別な知識もいりません。歴史、掘り起こしてみませんか?

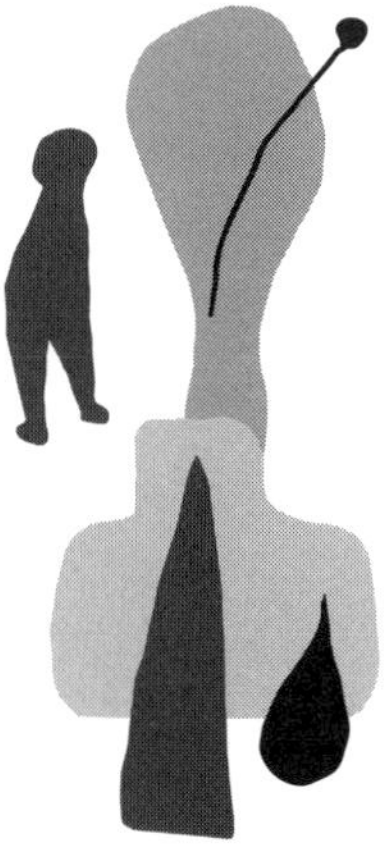

第 2 章

教室で出会う沖縄

三橋　昌平

1　子どもたちと沖縄はとても相性がよい

二〇一五年四月、単学級の四年生の担任になった。ほとんどの公立小学校は学級担任制で、基本的にすべての教科を担当する。学級担任制は負担になる面もあるが、各教科を関連させながら学べるなど担任の裁量もききやすく、学習を柔軟に進めることができる。単学級だったこともあり、一年間継続して一つのテーマを扱おうと決めた。

運動会、音楽発表会といった行事や「総合的な学習の時間」を活用し、音楽・図画工作を含む各教科横断的な視点で子どもたちと一緒に取り組めるテーマをと考え、「沖縄」を思いついた。以前にも、沖縄で全国一消費されている「昆布」を題材に、五・六年生で通して社会科の授業を行なったことがあった。子どもたちと沖縄は相性がとてもよく、いきいきとした学びが見られた。その時の経験を踏まえて、今回は四年生で、体を動かしたり歌ったりする活動を積極的に取り入れながら、沖縄と向き合う一年間の授業をつくろうと考えた。一年間という長丁場なだけに、沖縄を知りたいという問題意識や、沖縄を考えたいという意欲を持続させることに心を砕いた。沖縄と向き合った三橋学級の一年間を、以下では報告したい。

2 沖縄を身体で体験する

五月に運動会がある。前に三・四年生が合同で民舞に取り組んだ経験もあったので、この年は沖縄の伝統芸能であるエイサーに挑戦することにした。エイサーは子どもが楽しく踊れるし、気持ちも盛り上がって、クラスのなかに一体感が生まれてくる。沖縄をテーマにした授業の導入をエイサーにしたことは正解だった。実際に体を動かし沖縄を感じることで、子どもたちの沖縄に対する興味は格段に上がった。

振り付けの練習をしながら、エイサーで使う締め太鼓を作り、エイサーの歌詞や囃子詞《はやしことば》に対する関心を高めるようにした。エイサーの本番で使う楽器を自分たちの手で作ったことで、練習にも一段と熱が入り、太鼓が破れてしまう子どももいた。締め太鼓を作ることで、沖縄の音楽や楽器への興味を引きだそうというのがねらいだった。囃子詞については、それが沖縄の「方言」であることを子どもたちに意識させた。これらは図工と「総合的な学習の時間」の中で行なった。

そこで大事にしているのは、各教科を横断するにとどまらず、学校行事と結びつけて学びを深めていくことだ。今回の沖縄をテーマにした学習は、運動会の踊りをエイサーにすることから始めた。運動会での取り組みのなかに、後の総合的な学習の時間につながるような学びの種を撒いておくのだ。

次に掲げるのは、運動会が終わった後の子どもたちの感想である。

運動会でエイサーをおどりました。エイサーにははやしことばというおもしろい言葉があります。わたしは言葉の意味などたくさん調べてみんなに発表して、みんながもっと沖縄を好きになってほしいです。（山田）

運動会でエイサーをおどっていて、沖縄の言葉にきょうみをもちました。どういう意味か調べたいです。沖縄に行って沖縄の人は本当に沖縄の言葉を使っているかも知りたいです。（田口）

運動会を経験することで、子どもたちは沖縄の言葉に興味をもちはじめた。沖縄の「方言」は、なんとなくわかる言葉もあれば、まったくわからないものも多い。このように「少しはわかるが、多くのことはわからない」ということが学習の入口として入りやすく、子どもたちを熱中させていく沖縄の魅力の一つだと思う。「みんながもっと沖縄を好きになってほしいです」「沖縄に行って沖縄の人は本当に沖縄の言葉を使っているかも知りたいです」という文章からは、子どもたちが沖縄への探究心を獲得しはじめたことがわかる。

こういった子どもたちの感想は、学級だよりを通じて保護者に必ず伝えるようにした。子どもが楽しく、意味ある学習をしている様子を知れば、保護者は担任を信頼してくれる。保護者を味方につけることで思い切った授業も展開できるし、保護者からの授業面での協力を得ることもできる。

六月は市内の音楽発表会がある。そこで音楽担当の先生と相談し、『さとうきび畑』の合唱、『島唄』の合奏に取り組むことにした。「沖縄」に向き合うためにも、発表会のかなり前から練習を始めた。曲が頭から離れず、口ずさんでいる子どもが多く見られた。『さとうきび畑』には沖縄戦が描かれており、歌詞を通じて子どもたちのなかに沖縄戦への興味・関心が生じていた。音楽は、子どもが社会や歴史に目を向けるのに格好の題材である。それは、次のような子どもたちの感想からもうかがえる。

ぼくは沖縄の音楽について調べてみたいです。なぜかというと、ぼくは音楽の勉強が好きで、島唄しか知らないから沖縄の音楽について調べてみようと思いました。三線を入れて「島唄」を合奏してみたいです。（及川）

エイサーやさとうきび畑、島唄の他にもたくさんの歌を知りたいです。いろいろな曲を聞くと悲しいような心が温かくなりそうな曲でした。昔に戦争が沖縄であったのか、戦争のような曲がたくさんあったような気がします。沖縄は楽しいところだよと伝えているような曲もありました。（石川）

沖縄への興味・関心が確実に高まっていることを確認したので、夏休みの課題として、沖縄のどんなところに興味があるのかを調べさせることにした。夏休みに沖縄旅行を計画している家庭が二軒あった。そこで保護者に、沖縄の守り神である「シーサー」をはじめ沖縄の文化や風俗についての写真を撮ってきてもらうようお願いし、夏休み明けの授業でそれを子どもたちに紹介した。その後、個人面談や懇談会などでは、保護者から「子どもが三線を買ってほしいと言っている」「沖縄に連れていってくれと言われた」などの声もたびたび聞いた。子どもたちが沖縄に向き合いはじめたと実感した。

総合的な学習の時間といえば、「調べ学習」が定番だろう。だが、子どもたちの疑問や興味・関心がしっかりと高まる前になんとなく調べるのでは、子どもの思考が深まらない。今回の沖縄学習は四年生という発達段階にも配慮し、調べるよりも先に、身体を使った体験をたくさんすることを大事にして、そのなかから子どもなりの疑問があがってくるのをじっくり待とう。そんな気持ちで取り組んでいった。

九月には、図画工作の時間でシーサーを粘土で作ることにした。子どもたちに何を作りたいかと聞いたところ、「シーサー」との声があがったからだ。夏休みに旅行で沖縄に行った保護者から提供を受けた写真や、私が家から持っていった実物を見て、子どもたちは思い思いのシーサーを完成させた。あわせて夏休みにシーサーについて調べてきた子どもに、その役割や起源などに関する発表をしてもらった。学校外での学びが教室に持ち込まれることで、子どもたちの思考や感受性は広がっていった。

3 学びの方法として手紙を送る

学習の場を学校以外に広げる方法として、手紙を書いて送るという実践が

オーソドックスなものから三線を持っているものなど、さまざまなシーサーができあがった。

ある。

私は五年生を担任した二〇一〇年度に、社会科の授業で「昆布ロード」をとりあげたことがある。昆布は、産地である北海道から北前船によって大阪に運ばれ、その後、薩摩、琉球、そして清へと渡っていく。それが「昆布ロード」である。

昆布の獲れない沖縄県で、なぜ昆布の消費量が多いのか。その理由を考える授業を行なった後、「沖縄の人で昆布を食べない人はいるのかな」という質問が子どもから寄せられた。昆布はすべて、那覇の昆布座を通して清に送られる。ということは、裏を返していえば、沖縄本島以外の離島には昆布がおろされず、昆布を食する文化は離島に根づかなかったのではないか。これが子どもたちの疑問（仮説）だった。

その疑問を解決するために、手紙を送ってみようということになった。

沖縄の離島を地図帳で調べていくなかで、沖縄に近い鹿児島や昆布の消費量が多い富山にも手紙を送ろうとの提案が子どもたちからあり、石垣島、宮古島、西表島、鹿児島、富山の計五か所の観光課や観光協会に質問状を送ることにした。

すると、宮古島、西表島、鹿児島、富山の四か所から回答が届いた。宮古島からの回答には、昆布は現地でよく食べられており、豚肉との相性がいいこと、また琉球料理は中国料理から強く影響を受けていることが書かれてあった。西表島からの回答も、同様に昆布が地元でよく食べられていること、しかし以前に比べ最近の若い人はあまり食べなくなってきている、とあった。この回答を受けて、子どもたちは食文化の変化について自らの生活を振り返ることになった。沖縄の文化を鏡にして、自分たちの足元を見つめ直す作業が始まったといえる。このあたりから、子どもたちは沖縄学習に身を乗り出すような雰囲気になっていった。

富山からは、富山県観光・地域振興局観光課の宮崎一郎さんの手紙が届いた。鹿児島からは、鹿児島県歴史資料センター黎明館の学芸課長の徳永和喜さんから丁寧な回答をいただき、鹿児島でも昆布をよく食べるということがわかった。徳永さんは子どもたちの疑問に一つひとつ丁寧に答えながら、薩摩と琉球の関係についても説明してくれた。そのことで北海道と沖縄のつながりや、沖縄とアジアの関係についても詳しく学ぶことができた。

子どもたちは、自分たちの疑問を手紙にして送り、遠く離れたところから回答が返ってくることに喜びを感じていた。インターネットを使ったり、図書館で文献にあたったりして、個人が主体的に情報を収集し、取捨選択する力をつけることは教育上も大事である。だが、自分たちで調べたものの、よくわからない点について手紙やメールで外部の人に問い合わせ、専門家に回答を求めることで解決することも少なくない。そうすると学習の理解度は飛躍的に高まる。「手紙を書く」という方法は、深い学びを実現するうえでとても効果があると私は考えている。メールや手紙を書くに際して、より適切な問い方、質問の仕方を考えることもまた、子どもにとって貴重な学習でもある。

4 沖縄の学びを表現する

一一・一二月は、これまでの沖縄学習を振り返り、学習した内容を表現する機会を設けた。一一月は総合的な学習の時間を使って、三〜四人ほどのグループによる発表を行なった。沖縄の音楽、沖縄の言葉、沖縄の踊り（エイサー）、沖縄の文化（シーサー）、沖縄の食べ物、沖縄の歴史や生き物など、子どもたちはそれぞれ関心をもつテーマを追求していった。発表方法も特に制限は設けなかった。実際に踊ったり、演奏をしたりというパフォーマンスによる発表もあった。大型テレビのモニターを使ってのヴィジュアルな報告もあった。以下では、発表会の後に書かせた感想を四名分紹介したい。

わたしは悲しい歌詞だけど音楽は楽しい音楽があるといったのですが、楽しい歌詞も沖縄だからこそある気がするのでこれからも沖縄の歌を調べていきたいと思います。沖縄に行ってもっといろんなことを調べてみたいと思いました。沖縄とわたしが住んでいるところが少し変わっていてとても面白いです。（石川）

沖縄そばやラフテーなどは作ったことはありますかと聞かれたときに、作ったことがないと答えました。ゴーヤチャンプルーは作ったことがあるけれど、沖縄そばなどは作ったことがないので、家で作ってみたいです。他のところの発表を見て、まだまだわたしは沖縄のことを知らないのだと思いました。（日暮）

ぼくは、発表をしてもっと食べ物などのことを知りたいです。沖縄のフルーツや野菜を育てたり、料理を五年生の家庭科で作ってみたいです。沖縄は中国から伝わったのが多いからまだあるのかも調べたいです。韓国から伝わったものもあると思います。（宮崎）

ぼくは三線をやってどう思ったか聞かれて、難しいけれど楽しいと思いました。僕はまだうまく演奏できないから、沖縄の楽器についてまだやりたいです。楽器について調べたら沖縄の歌にも興味をもったので、いい歌に合わせて沖縄の楽器を鳴らして演奏してみたいです。歌を覚えるには方言を覚えた方がいいので方言も覚えたいです。（清水）

上記の感想から、いくつかのことを指摘したい。

日暮さんは、他のグループの発表に触れて、自分が沖縄のことをまだわかっていないと述べている。「討論授業」の特徴の一つは、子どもの問題関心を大切にし、多角的に一つの対象に迫っていくことだと私は考えている。自分にない視点や観点に発表会で出会うことの喜びや楽しさを、日暮さんは感じているのではないだろうか。

石川さんの「沖縄とわたしが住んでいるところが少し変わっていてとても面白いです」という感想からは、なぜ沖縄が子どもを引きつける題材なのかが見てとれる。「少し」変わっているからこそ、子どもは沖縄に興味を惹かれるのではないか。別の子どもは「入り口は似ているが入ってみるとちがうことがたくさんある」と表現した。沖縄は、日本という国民国家に組み込まれている一地域であり、自分の住んでいる地域（千葉県）に似ている点も少なくない。だが、よくよく調べてみると、数多くの違いを、つまりは「異文化」を発見していく。「似ているが違う」という共通性と差異の感覚が、子どもたちをして意欲的に学びを深めさせる大きな要因ではないだろうか。

ここで指摘したいのは、日本の子どもだけでなく、教室にいる中国の子どもたちも、沖縄に対して「似ているが違う」という感覚をもって学習に取り組んだことである。この時の勤務校は、全校生徒の約半分がなにかしら外国にルーツをもっていた（本書コラム、一〇三頁を参照）。多くは中国であるが、ウイグルやフィリピンの子どもも在籍していた。ウイグルの子どものお母さんからは、三線に似た楽器がウイグルにもあり、子どもが三線の演奏をしているのを知り、とても懐かしかったと話してくれた。日本人である宮崎さんの感想からは、沖縄の食べ物への関心を出発点に、その視野が東アジアへと大きく広がっているのがわかる。

こうした授業展開が可能だったのは、混交とでもいうべき性格をもっている文化を題材にしたからだと思う。沖縄に関する用語や人物を暗記するような授業であれば、子どもたちは沖縄と教室で出会えなかったはずだ。

沖縄の楽器についてとりあげ、三線を実際に弾いて発表した清水さんは、沖縄の「方言」へと興味の幅を広げていった。沖縄をテーマにした一年間の学習を根底から支えていたのは、なによりも音楽の力であったと私は考えている。

グループで発表したことをもとに、今度は個人で「沖縄かるた」を作ることにした。一二月のことである。かるたの良さは、短い言葉で端的に表現ができること。絵札も作る必要があり、図画による表現も追求できる。文章を書くのが苦手な子どもにとっても取り組みやすい。また、自分の興味・関心を凝縮して表現する作業は、自らの問題関心を再確認することにもなる。さらに、子どもたち一人ひとりが作ったカルタを用いて、みんなが遊ぶことができるのも魅力的

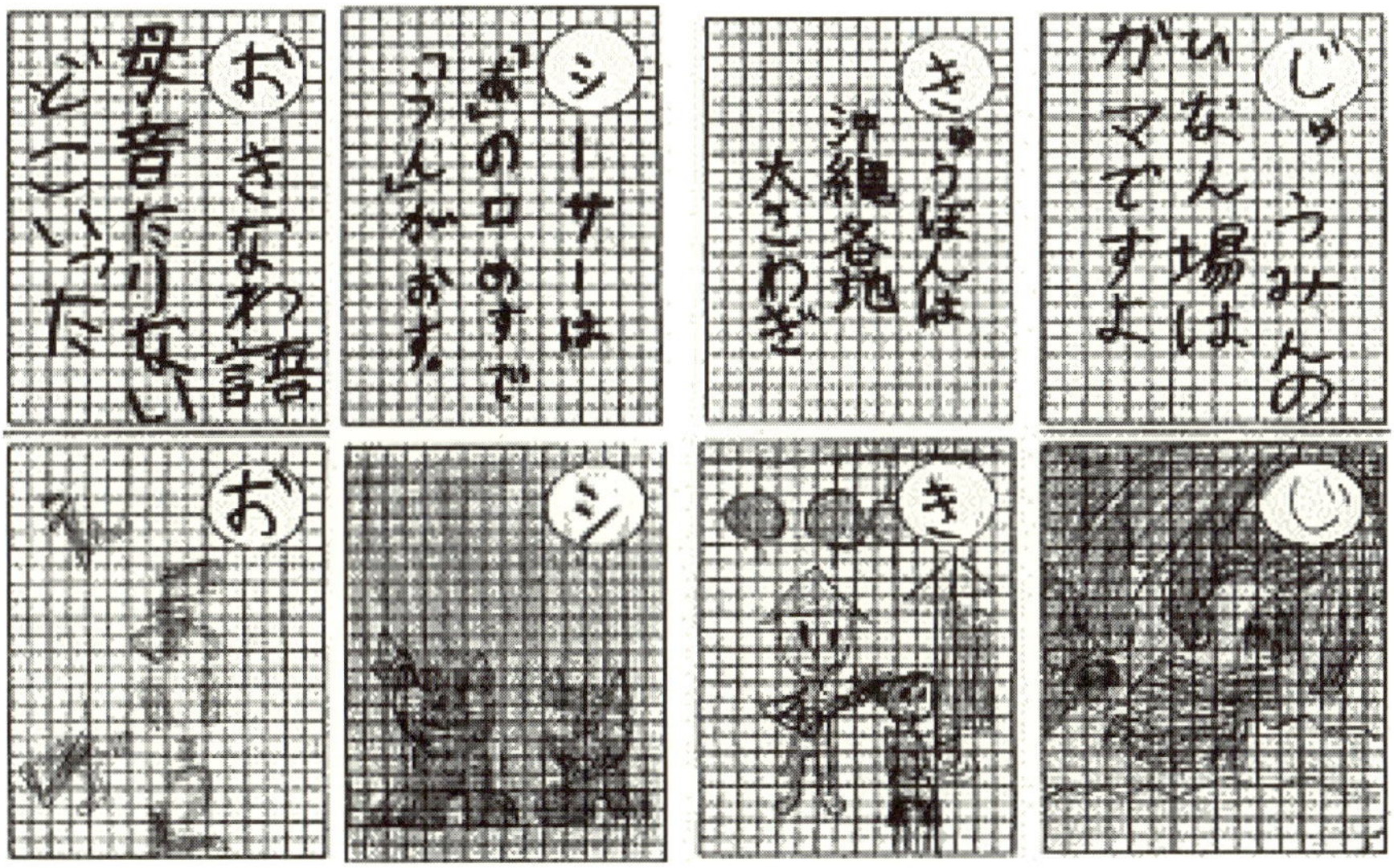

子どもたちが作った「沖縄かるた」。

である。一枚一枚のカルタからは、子どもたち一人ひとりの沖縄に対する向き合い方が見事に表現されている。

5 沖縄戦と出会う子どもたち

沖縄と向き合う以上は沖縄戦を避けることはできないと、ずっと考えていた。だが、四年生という発達段階を考えると、何をどこまでどう扱うのか悩み、なかなか実践に踏み出せずにいた。一一月の発表会で沖縄戦について言及したグループはあった。『さとうきび畑』を口ずさむなかで沖縄戦に関心をもつようになり、私に話しかけてくる子どももいた。

そこで、絵本『へいわってすてきだね』の読み聞かせである。この絵本は、二〇一三年六月二三日の沖縄全戦没者追悼式で当時六歳の与那国島に住む安里有生さんが朗読した自作の詩に、絵本作家の長谷川義史が絵をつけたものである。沖縄戦の具体的な実態を教えるのではなく、沖縄で平和を考えた子どもの表現に出会わせることで、戦争や平和の問題を子どもたちに無理なく考えてもらおうと思った。この実践は一二月に行なった。絵本の読み聞かせ後には感想を書いてもらう。いつもはなかなか感想を書けない子どもたちも、この時は思うところがあったのだろう、頑張って自分の言葉で自らの思いや考えを書き留めようとする姿があった。以下に、四人の子どもたちの感想を引用したい。

ぼくは、沖縄は戦争の無いところだと思っていました。でも『さとうきび畑』や『へいわってすてきだね』を思うと沖縄では戦争があったことがわかりました。とくにさとうきび畑の三番の歌詞がとても悲しい歌詞です。もう一つ十一番も最後「この悲しみは消えない」が悲しいです。沖縄は悲しいところです。昔は戦争がはげしかったことがへいわってすてきだねを読んでわかりました。一回沖縄に行ってみたいです。そして人に戦争のことを詳しく聞きたいです。（山下）

沖縄の人はすごく楽しそうだけど、昔は悲しいことがあったことがわかって平和がすごくいいことということがわかりました。沖縄はつらいことをのりこえて今は楽しくしているのかなあと思いました。でも、今でも悲しみを慰める歌があるので、沖縄の悲しみは今も続いているのかなと思いました。（清水）

ぼくはこの本を読んで戦争はこわいと思いました。戦争では多くのばくだんが落とされるということがわかる絵がありました。さとうきび畑という歌の「あの日鉄の雨にうたれ父は死んでいった」のところで戦争のとき父が鉄の雨＝ばくだんにうたれたことだと思い、戦争のことに関係する歌なのだと思いました。この本を読んだり、沖縄の歌を歌ったりすると、沖縄にはこわいことがあり、それをなくすために戦争の歌や悲しい歌があるのかなと思いました。今の沖縄は戦争を起こさないようにする歌が作られたので今は平和だと思いました。（楠田）

わたしはへいわってすてきだねを読んで、初めは幸せなところだと思っていました。でも本当は戦争が起こっていてとても悲しいところだと知りました。絵本にもかいてあった通り、たくさんの人が死んでしまったのでとてもかわいそうです。安里さんがこのすべてを詩に表し、前はこのようなことがあったんだよと知ってほしくてかいたと思いました。でもわたしは一度でもいいので沖縄に行ってみたいです。なぜなら今はどのようになっているのか、今は幸せな

ところかどうかを知りたいからです。（田口）

これらの感想文を読むと、子どもたちが「沖縄の悲しみ」に共感を寄せていることがわかる。沖縄戦を過去の悲惨な戦争として、現在と切り離して理解するのではなく、今につながる経験として考えられている。また、音楽発表会で『さとうきび畑』の合唱に取り組んだことが、沖縄戦の理解にとっていかに大事かということも見えてくる。

平和とは何かについての疑問も子どもたちはもちはじめている。「今は平和だ」と思う子どもがいる。「今は幸せなところかどうかを知りたい」と思う子どももいる。四年生の段階では、沖縄戦の経験と向き合い、平和について問いをもつに至ったこと、それが貴重な学習の成果ではないかと私は考えている。現在の沖縄が本当に平和かどうか。それは子どもたちが今後学びを深め、判断していけばいいことである。五年生の社会科では国土の学習で沖縄を扱う。六年生の歴史学習ではアジア・太平洋戦争について学ぶ。中学校で沖縄に関連した事項が出てきた際には、四年生時の学習を少しでも思い出してくれればいい。一年間のテーマ学習を通じて、子どもたちのなかに「沖縄」が確かに存在するようになったとすれば、その後の継続した学びは可能になるだろう。

年が明けた二月の六年生を送る会では、沖縄県石垣市出身のバンドＢＥＧＩＮが作曲し、桐谷健太がテレビＣＭのなかで歌った『海の声』の演奏と歌に取り組み、一年間のテーマ学習をひとまず終えることにした。

子どもたちは、一年間をかけて実践してきた沖縄と出会う授業をどのように受けとめたのだろうか。子どもたちのまとめの感想から、いくつかを紹介したい。

わたしは沖縄に住んでみたいです。沖縄は悲しいところだと思っていました。一年間ずっと沖縄の勉強をして、楽しかったり悲しかったりするけど、沖縄はいいところだと思いました。（佐藤）

海の声を歌ってみて、沖縄はやっぱり楽しくて、海がきれいなところだと思いました。楽器の鳴らし方が面白いし、パーランクーや四つ竹、三線がみんなを笑顔に変えていっていると思いました。（及川）

わたしは海の声を歌ってみて、沖縄に一度行ってみたいと思いました。青いきれいな海を思いうかべて、いいなと思いました。でも、昔は戦争などがあって、大変だったんだと思うと悲しくなります。だけど今は平和だし、沖縄がもっと好きになりました。（沖）

わたしは、海の声の歌と合奏をして沖縄のことを最初は楽しいだけのところだと思っていました。でも沖縄についてたくさん調べたら、昔は戦争などつらいこともあったと知りました。私は沖縄のことが好きです。それに沖縄のことをたくさん勉強したので私にとって沖縄はかけがえのないところだと思っています。（渡辺）

子どもたちの感想の多くに、沖縄のことが好きになったと書かれている。五月の運動会から沖縄をテーマに、学校行事を活用しながら、教科横断的な視点で学習を重ねてきた。年明けの二月には、絵本を通じて「沖縄の悲しみ」に触れ、沖縄がただ楽しいだけのところではないこともわかったうえで、それでもなお「私は沖縄のことが好き」だと言い切る子どもたち。その力強さに、私は頼もしさもまた感じている。

今回の実践では「総合的な学習の時間」をフルに活用し、社会科という教科の枠にこだわらず、音楽・図画工作といった教科にもつなげて沖縄を多角的に考えた。そのことで子どもたちの学習意欲を持続させ、沖縄を考える視野を広げることもできたのではないだろうか。保護者の方からは、子どもが沖縄に行きたいと家で話している、沖縄を取り上げたテレビ番組を食い入るように見ている、そんな様子を報告されることも少なくなかった。

学校現場はとても忙しく、あわただしい毎日である。子どもたちも毎日忙しく過ごしていて、いつも短時間で結果を求められていると感じる。放課後は習いごとなどでスケジュールがいっぱいの子どもも多い。そうしたなかで、一年間という長い時間をかけた沖縄学習の試みは、子どもたちにゆっくりと考える時間を保障し、自分の考えを醸成していく面白さを味あわせることができたのではないか。学級としては決して勉強ができる子どもたちばかりではなく、普段は嫌なことから逃げがちな子どもも少なくなかったが、沖縄についての学習は一生懸命に取り組んでいた。それは、教室の学びを通じて沖縄と出会う喜びがそこにはあったからだと思う。

第3章

善良な父や兄弟が、戦地で人を殺めてしまったのはなぜか

板垣　雅則

1　戦場で戦うということの意味

「先生、本当に戦争になるんですか？」

二〇一五年の秋ごろに、子どもたちに質問された。いわゆる「安保法制」が九月に可決されたことが、子どもたちなりに気になったのであろう。この一連の法律により、いわゆる「集団的自衛権」の行使が容認されることになり、アメリカなどの同盟国が敵国から攻撃を受けた場合に、日本の自衛隊は武力の行使が可能となった。日本の自衛隊員は、戦場で戦う可能性がより高まったのである。先の質問は子どもたちの関心の高さの現れであった。

筆者は、学生時代から歴史教育、とりわけ平和教育について関心を持っていた。いつか自分の研究してきたことを活かして実践したい、と願っていた。そして、採用された年には社会科も含め、さまざまな教科について教材研究をしてきたが、その時に読んだものに以下のようなものがあった。

……食べるおにぎりがなくなって「一つだけ……。一つだけ……。」と泣くゆみ子に一輪のコスモスを手渡す「心優しい父親」像、あるいは戦後のゆみ子とお母さんの「平和」な生活を描くことに心奪われていた作者は、出征した兵士の父親が握った銃がアジア・太平洋諸地域に住む人々を殺したかもしれない、ということに全く想像力を働かせていない、ということである。(1)

これは四年生の国語教科書に掲載されている、今西祐行「一つの花」について書かれたものである。

あらすじを簡単に説明すると、戦争末期（一九四四年秋のことと推察される）、一～二歳ぐらいの主人公ゆみ子は両親と三人で暮らしていたが、当時の食糧難から思う存分に食べることができずにいた。父親の出征が決まり母親と見送りに行くが、その汽車が出発するという直前に、ゆみ子は「一つだけ……。」と食べ物をねだる。そこで父親は、近くに咲いていたコスモスの花を一輪、ゆみ子に渡す。その花を受け取り喜んだゆみ子の様子を見て、父親は出征した。一〇年後、父親は帰ってこないが、コスモスの花に囲まれた家に住むゆみ子と母親は、食糧に困ることもなく、幸せな日々を過ごしている、という物語である。

先に紹介した指摘は確かにそのとおりで、当時の筆者には一人の人間が被害者にもなるし、加害者にもなるという視点が希薄であった。国語の物語文「一つの花」や「川とノリオ」では、戦争の被害面は理解できるが、加害の側面は理解できない。「二度と戦争をしてはいけないと思いました」と多くの子どもは感想を書くが、きわめて情緒的なもので終わってしまう。だからこそ「なぜ、そうなってしまったのか？」と理性的に分析する学習が必要となるし、国語科と社会科とを相互に関連を持たせた形で戦争認識を深めることが重要である。だから、四年生で「一つの花」を教える時には、読み取りが終わった後に一時間ほど使って、「ゆみ子の父親はその後どうなったのか」を考えさせる授業を行なったりもしてきた。

そんな時に知ったのが草分京子の「南京からの手紙」であった。(2)「南京事件」に自分の父親が関わっていたという人の語りから授業が始まる。「どうしてやさしかったはずの人間が無差別に人を殺すようになってしまうのか、どのようにして『兵士』になってしまうのかを考え」させようとした。一人の人間がこのように変貌していったことに戦争の暴力性を見出し、子どもたちに気づかせていく。しかし、家族への愛情はしっかりと保ち続けていたことをとらえさせていく実践である。二〇一〇年の歴史教育者協議会愛知大会でこの実践報告を聞いて、筆者も被害と加害の狭間で葛藤する個人の姿を具体的にとらえさせる実践を行ないたいと思って取り組んだのが、六年生の社会科での、「戦地で人を殺した」経験を持つ近藤一と「戦地で人を殺さなかった」北川省吾を対比させる授業である。

近藤証言の教材的な価値として、宮城道良は「『加害兵士』であったこと」「中国戦線と沖縄戦の二つの戦場で『下級兵士』としてたたかったこと」の二点を挙げている。(3) 近藤の証言からは、いかにして人間としての優しさを失わされ、兵士として育てられていくかが具体的に理解できる。何より「自分が人を殺めた」という告白の意味は大きい。筆者も近藤の証言を聞いたことがあるが、聞いた時のインパクトの強さを子どもたちにも伝えたい、という意識は今でも強く持っている。北川は憎い敵を殺して平和な世の中にしたいという気持ちを持って戦地に赴いたが、敵である中国の人びとへの憎しみを抱くことがなかった。結果、銃を撃つことなく、敵の流れ弾に当たって死に、短い生涯を終えた。(4) どんな生き物にも人間と付き合うように接するという、純粋な人柄は変わらず持ち続けていたようだ。だから戦地でも中国の人に対する蔑視感がなく、敵としてみなす意識もなかったため、戦闘に参加しなかったのだと考えられる。

この、近藤・北川二人の戦場体験を比べることで、戦争遂行のための政策、具体的には当時の教育や軍隊制度の非人道性などに気づくことができるだろう。また、それ以外にも平和教育を進めるにあたって重要な課題が克服できる。一つは、国家と個人を分ける視点を提供することにより、「日本人全員が悪い」「日本人を侮辱するな」などの、日本人一般に還元して論じてしまう傾向を回避できる。近藤と北川を比較することにより、なぜその差が生まれたのかを検討し、当時の社会の仕組みや政策などに気づくことができるのであり、日本の民族性といった曖昧なものに還元されることもない。もう一つは、冒頭に掲げた「先生、本当に戦争になるんですか?」に対する自分なりの答えを形成できることである。七〇年前と現在の安全保障政策を同列に扱うことができないのは当然だが、市民にとって一番身近な「生活がある、家族がある、そのような人が戦場に行く」ということの意味を考えるために、近藤と北川の事例は多くの示唆を与えてくれるだろう。単元計画は図３－１のとおりである。

時間	学習活動
1	「一つの花」の音読を行なったり、近藤さんの体験を動画と資料で確認したりしながら、学習問題を立てる。 なぜ、家族にとってはやさしい父親や兄弟が、戦地で人を殺めるようになってしまったのだろう。
2	資料を用いて自説を立てる。
3	
4	資料を読み合い、論点を明確にする。
5	討論を行なう。
6	北川さんの事例を資料で読み取り、考える。 北川さんはなぜ、人間らしい心を戦場でも保てたのだろうか。また、そのような人は他にいなかったのだろうか。
7	人びとにとって、戦争とは何だったのか、自分の意見を書く。

図３-１　単元の全体計画

最後に、近年、「教え子を戦場に送るな」と教えることに対し、「政治的中立性」の観点から疑問を呈する国会議員が現れた。筆者は子どもの政治的見解については配慮を心がけるべきだと思うし、授業者自身の見解を表明することについても禁欲的であるべきだと考えている。しかし、少なくとも筆者は自分の教え子が戦地に赴いて殺されることを喜んだりはしない。いかなることがあっても死んでほしいとは思わない。同じ教室で共に笑い、励まし合って過ごしてきた子どもたちに、そのような目に遭わせたくはない。そういった一担任のメッセージとして、「君たちや、君たちの愛する人に、戦場に行ってほしいとはまったく思わない」と表明することは教育的にみて十分価値があるのではないかと考えているし、そういった意味でも、平和教育を積極的に進めていくことに意義があると考えている。

2 「一つの花」から近藤一さんの証言へ

授業では最初に「一つの花」の読み聞かせを行なった後で、「ゆみ子のお父さんってどんな感じ?」と聞いた。「戦争に行きたくない」「ゆみ子から離れたくない」「やさしそう」などが出た。そこですかさず「じゃあ、ゆみ子のお父さんは戦場でどんなことをしたんでしょう?」と問いかけた。「ゆみ子のことを思いながら、戦った」「ゆみ子に『幸せに生きろよ』と思いながら戦った。それで死んだ」「やさしそうだから、他の兵隊とかの世話とかしてそう」「敵軍の兵士を殺した」「悪いと思いながらも、自分を殺そうとする人を殺した」などの意見が出た。

日本は神の国、天皇は神の子である。その天皇陛下が頂点にいる大和民族は世界一優秀である。また、中国人は卑しい民族であり、朝鮮人も卑しい民族であるので、植民地にしてよいと小学校のころから身につけられた。

兵士になったときも「天皇の軍隊」であることを教えられ、意気揚々とした。

中国に渡り、初年兵教育として人の殺し方を教わった。刺殺訓練などを経験して、「人とは簡単に突き刺せる」と思った。このような訓練を経て、我々は人を殺す人間に仕立てられてしまった。一般の隊に入ったある日、10名近くを捕まえ、聞くことがなくなると殺してしまうこともあった。

しかし、戦後になり自分が子どもをもってみたときに初めて、「何であんなことをやったんだ」と後悔している。

図3-2 「近藤の話」(要旨)

ここで、近藤の動画を見せた(図3-2)。宮城道良さんから頂いたDVDをもとに、「兵士になること、戦地でどのように戦ったのか」という点のみに限定して編集してある。また、動画では聞き取りづらい部分もあるので、概略を載せた資料を同時に配布している。

「人を殺す訓練をさせられていた。縛られている人を刺した。かわいそうだし、やる方もかわいそうだと思った」「人殺しの教育。苦しみをのりこえるのは辛いと思う」という感想が出た。この感想から、はじめの「一つの花」での父親も同様の状況に直面していたであろうことを確認して、「家族にとっては優しい父親・兄弟が、戦地で人を殺めるようになってしまったのは、なぜだろうか」という学習問題につなげていった。

3 人を殺せるようになった理由を討論する

教科書・資料集だけでなく、図書室の資料なども用意し、できるだけ多くの情報を収集できるように心がけた。こういう時に絶対に使ってはいけないのはインターネットである。戦争認識が政治問題化している昨今、ネットで子どもたちが理解できる情報が入手できるとは思えないためである。図書資料を用いて二時間ほど調べ学習を行なった後で、仮説を立てさせた。

A　国と国の不仲が戦争を生んだ（川口）
日本が中国のせいにして、その戦争に勝って、調子にのっていたから、多くの死者が出た。

B　生きていくのに、やむを得なかった（山崎）
自分の考え⇩負けるから。戦地で人を殺さないと、戦争で負けるから。負けるよりは勝つほうがいいから、いくら優しい人でも殺す道を選ぶのだと思う。

C　国に反対できなかった（林田）

日本人は戦争に行かなければならなかった。戦争に反対していた人も言論でも出版でも反対はできなかったので、子どもたちにもそういう風にして、大人も子どもも無理矢理でも賛成しないと取りしまられたり、周りから批判されたりしてしまうから。（ある意味しょうがなかった）

D　教育や訓練によって「洗脳」されていた（内藤）

それはたぶん、人間を殺す訓練をして、「人はこんなに簡単に殺せるんだな」と思わせて、日本が勝つように仕立て上げられたからだと思う。

E　経済的に恵まれたいから（繁野）

国民は戦争の実体は知らず、人を殺してくんしょうをもらってお金を稼ごうとしたから。（理由）政府は本当のことを報道していない。また、軍隊は地主も小作人も関係ないので、貧乏な小作人が軍隊で成績を上げてお金をもらおうとし、軍隊では人を殺した数が成績となっていたから。

F　国や家族を守りたいから（白鳥）

自分の国の人たちや家族を守るため。（理由）戦争は、自分の国が相手の国に攻撃しないと、自分の国の人たちが死んでしまうし、自分の家族も死んでしまう。だから一刻も早く相手に勝ちたかった。

すべての仮説は概ね、この六つに分類できた。Aは、戦争があったという非常に大まかな理由なのだが、この戦争の大局を把握するために重要だったこと、「調子にのっている」といった中国に対する蔑視のようなものが見てとれたために選んだ。C・D・Eは、出征や戦闘に対してどのように向き合っているのか、意識の違いを明確にしたいと思って選んだものである。Cは、反対できなかったので「仕方がない」という意味合いになる。Dは、洗脳されていたので、その行為が悪いという「自覚がない」というとらえ方になる。Eは、自分から経済的利益を求める意味合いがあるところから、「自分から進んで」という把握になる。この三つは意味合いが異なるので、それぞれ違う説として出すほうがいいだろうと判断した。

さらに、「自分から進んで」という積極性では同じだが、経済的利益よりも国家や家族への求心力があったと考えるFは意味が異なるので、独自の説として紹介した。

討論開始

六つの意見をプリントにして、賛成（〇）、質問（？）、反対（×）を記入させ、そのうえで討論させた。この流れは、加藤公明の「考える日本史授業」の流れをベースにしている。しかし、これまであまり討論という形で学習をしていなかったので、このような形態の授業は子どもたちにとって初めてである。どの説に対しても各五分ほどを目安にし、その後全体で討論を進めていった。

すべての意見はほぼこの六つに分類できたと先に述べたが、日々授業をしていて悩むのは「どこまでの意見を論点として提示するか」ということだと思う。この授業でもそれはある。例えばA「国と国の不仲」説は、「学習問題に合致していないのではないか」という意見が出て、それ以上の議論の深まりはみられなかったし、B「生きていくのに、やむを得なかった」説は「議論として簡単すぎるのではないか」という指摘があった。これらの意見を教師が初めから選ばないという選択もあったと思うが、すべての論点を提示することで、全員の意見が尊重されているという見方もできるだろう。ただ、今回の場合は筆者の読みが裏目に出たケースだと考えられる。

なお、Ｃ「国に反対できなかった」説、Ｄ「洗脳されていた」説には特に疑問や反対意見が出なかった。特にＣは、国語「川とノリオ」の学習の際に『はだしのゲン』（ドラマ版）を視聴していたこともあり、戦争反対とみなされる言動が「非国民」と言われるシーンがたびたび出てきたことを想起していたため、説得力があったと思われる。以下、Ｅ「経済的に恵まれたいから」説とＦ「国や家族を守りたいから」の議論を紹介し、全体の討論の様子を記したい。

庶民の生活と出征の関係は

Ｅ「経済的に恵まれたいから」説の議論は、賛成意見が目立った。「政府は本当のことを報道していないというのは賛成。報道してしまったら、日本人は日本が勝っていると思っている人が多いと思うんだけど、（実は）負けていることがわかっちゃうから、報道しないんだと思いました」（酒々井）、「貧乏な小作人とかは、お金を稼ごうとして、人を殺してしまったのかもしれないから、繁野君説に賛成です」（上杉）などである。

しかし、一人の質問が議論を変えていく。益子は「なんでドラマとか漫画とかで（出征が決まったことを）喜ばないんですか？」と主張する。机間指導やノートの確認などで彼の意見を理解していたので、筆者のほうから補足した。「『マッサン』にそういうのが出てたんでしょ？　つまり、召集令状が届くわけですよね。それで繁野君の説でいけば『やったー、ラッキー』って喜ぶじゃないかと。だけど、ドラマとかで観ていると、喜んでいる姿は見たことがないと。だから、お金儲けっていうのがそれであってるのか、ってことなんでしょ？」

「え？　そうなの？」「男性とかは、ってことでしょ？」など、教室がざわつく。これは大きな論点になる。応召・出征が一概に当時の人びとに忌避されていたわけではなく、歓迎されていたケースも存在する。(5) 繁野が調べたのはこのケースであり、庶民がある程度積極的に侵略戦争に参加した実態を紹介している。しかし、ドラマなどで描かれる戦争には喜んだ姿は描かれていない。益子が指摘したのはその点であった。この質問に対し、繁野が反論することはなかった。

国と家族は同じか

Fの「国や家族を守りたい」説には賛成意見もあったが、批判のほうが目立った。一つは、林田の「繁野君が言ったように『政府は本当のことを報道していない』なら、自分たちが勝ってるって国民は思っているから、自分の国の人が死んでしまうっていうのは、あまり考えていないんじゃないかって思います」と、報道統制によって国民が戦局を理解していなかったことを指摘するものであった。もう一つは、国と家族を同一視できないのではないかという指摘である。菊池と白鳥が以下のようなやりとりを行なった。

菊池「国と家族は一緒にしてはいけないのではないか。たぶん、まあ行く人は国に行かせられてるって感じだから、国を守るじゃなくて、家族を守るじゃないか。」
白鳥「国を守るっていうか、国っていうか、国民を守るっていう（意味）」
菊池「天皇を守る、っていうんじゃなくて？　天皇と国？」
白鳥「自分の国の人たち。国というより、国民を守るって感じ」
菊池「じゃあ、（F説の）『国と家族』は一緒じゃないんじゃない？」

小学校六年生なりに、かなり難しいことを議論していると思う。教育勅語を持ち出すまでもなく、当時親への孝や夫婦の和などは、天皇への忠義に従属される徳目として存在していた。しかし、庶民の実際の意識としてはどうなのか。当時の人びとが何を意識の源泉としていたのかを考えようとしており、しかも菊池は国と家族は一緒ではないと、すでに戦争に対してそのような視点を持つことができていた。この後の議論でも、菊池は「『お金より国』じゃなくって、『国よりお金』じゃなくって、家族だと思う。（戦争に）行きたくて行っているわけじゃないから。どっちかというと家族だと思う」と発言するなど、家族愛があるがゆえに戦地に赴くのだと主張し続けた。

最大の要因は何か

まとめの討論では「一番の理由となるもの、つまり◎が付きそうなのはどれなのかを考えてください」と指示して、議論を進めた。議論はE「経済的に恵まれたい」に集中した。

酒々井が「最初のほうに『お金を稼ごうと思った』って書いてあるんだけど、その時代はお金よりも自分の命とか、国とかを守るとか思うから。お金を稼ぐっていうのは考えないっていうか、違うと思います」と言えば、繁野も「国のほうが大事って言ってたけれど、『家族に対して優しい父親・兄弟』だから、いくら国が大事だといっても、家族の命とかのほうが大事だった」と返す。すると上杉も「酒々井さんの意見に反対です。『お金よりも国』っていうより、その時は戦争があるから、武器とかを作る費用とかもたくさんあって、米とかも高くなっていたはずだから、『国よりもお金』だと思う」と支援する。

議論の過程で、園部の「内藤さんの（D洗脳説）に◎したんですけど、洗脳されて、って書いてあるんですけど、繁野君のも、洗脳されてるから『家族より国』っていう人もいるし、別に行きたくないけど行かされてる人は、国とかより命とか家族って選ぶ人もいるから、どっちがどっちって決められないんじゃないかと思う」という意見が出たため、子どもの言葉で論点を鮮明にするチャンスが訪れたと判断し、次のように話した。

「『(C) 国に反対できなかった』ってことは、仕方ないって感覚があるよね。で、『(D) 洗脳されていた』ってことは、自覚がないんだよね。洗脳されているってことは、それが悪いことだという自覚がないんだよね。『(E) 経済的に恵まれたかった』は、仕方がないというのとちょっと言い方が違うかもしれない。仕方がない、という部分もあるかもしれないけれど、前向き、自分から、という意味合いがありませんか。そう言ったときに、『(F) 国や家族を守りたい』というのは、自分にその意志がありますよね。じゃあ、どれなんでしょう。」

繁野は「子どもを育てるためにっていうのは、命を守るためにもなると思うんですけど。だからお金が必要になると思う」と自説を主張したが、それ以外はC説に多く流れていった印象がある。益子の「さっきまで×だったんですけど、いろいろ聞いて、C(国に反対できなかった)がいいと思って。天皇が強制的になんか……っていうのがあって」や、力石「ぼくはC(反対できなかった説)だと思うんですけど、さっき益子君が言っていた、天皇(の権力の下での強制力)が、って言っていたんですけど。確かにこの時は近藤さんの体験のところみたいに、天皇は『天照大神の子孫である』と教えられたというのがあったから、この時代は反対できなかったと思う」と、資料(図3-2)に基づいた発言がみられた。酒々井も「Cは◎じゃなくて○なんですけど、みんな天皇とか言っているけど、確かに天皇も関わったかもしれないけど、軍隊とか力が強くて、反対したらすぐ取り締まられたりして、特に『非国民』と呼ばれたりする。だから反対できない」と、『はだしのゲン』に基づいた発言があった。

A	国と国の不仲が戦争を生んだ	0人
B	生きていくのに、やむを得なかった	2人
C	国に反対できなかった	16人
D	教育や訓練によって「洗脳」されていた	8人
E	経済的に恵まれたいから	1人
F	国や家族を守りたいから	1人

図3-3　支持投票の結果

ここで時間終了となり、挙手による支持投票を行なった。図3－3のように、多かったのはC説であった。授業後、他の要因なども決して間違いではないこと、むしろそのような意識で戦地に赴いた人も多くいたことなどを紹介した。

4　北川省吾さんの手紙でさらに深める

次の時間は北川省吾の手紙を紹介した。北川は戦地で敵を撃たなかったが、流れ弾に当たって死んだ、という人物である。資料（図3－4）を読んだうえで、「北川さんのような人は他にいなかったのだろうか」と聞いた。

いなかったと主張する子は、「当時、敵や敵側の人間と思われる一六歳から六〇歳までの人間は殺すとされていたので、そんなに人を殺していると精神的ダメージが大きいと思って、なんか、人間じゃなくなっちゃう」と主張する。しかし、資料に着目した子は「いるかいないかはよくわからないけど、（北川が）人間らしい心を戦場でも保てたのは、他の人

戦争はいけないことだ。しかし戦っている人たちには一人もいけない人はいない。ただ戦争だけがいけないことだ。

叔父さんはたくさんの中国の兵隊だの、その死体を見た。若い捕虜兵も見た。たくさんの人たちにもあったのだが、憎い敵兵は一人も見なかった。食料を取り立てに行く際、怪しい者や抵抗する者は殺しても構わないことになっている。戦友たちは銃に弾を詰めたり剣を抜いたりして出かけるが、こんな恥ずかしいことは叔父さんにはできない。叔父さんは中国の人と一緒にひなたぼっこしたり、煙草を分けたり、子どもたちと遊んだりしながら帰ってくる。

弾も剣もいるものか。それで一度だって襲われた覚えはない。戦友に文句を言われても、自分ではとてもいい気分なのさ。

図3－4　「北川の話」（要旨）

が思ったり言ったりしたことを気にしないからだと思います」と述べたり、「ぼくはいると思う。理由は、人間らしい心ということは、人を殺めることはできないと思って、人を殺めることはできないということは、優しい心をもっているということで、優しい人は人を殺めることはできないと思うからです」と主張したりする。それでも、北川のような人物がいたと思う子は少数だった。

しかし、その北川も人を殺めなかったが、自分が命を落としてしまう。「北川さんは確かに人を殺すことはなかった。だけど、結局戦場で死んだわけだね。昨日の議論でも、じゃあ戦場に行ったときに、人の命を奪いますか？　それとも自分の命を失いますか？　という展開になったときに、どうする？　というところだったと思うんだよね。北川さんは、相手の命を尊重したんだね。では、そのような人は人数としてはたくさんいたんでしょうか？」と聞けば、「逆に、戦争をしたくない人が多かったら、戦争になんてならない」との返答。「そうですね。だから、多くはないんだよ。でも少しはいたわけだ。例えば『はだしのゲン』のお父さん。ひどい拷問を受けていましたよね。そして北川さんも撃たなかった。でも亡くなってしまったんですよね」と授業を締めくくった。

5　「兵士になること」を子どもはどう考えたか

授業のまとめとして、「人びとにとって、『兵士になる』とはどういう意味をもったのか」を考えさせた。近藤と北川を対比させて考えることが、この時間のねらいである。

（兵士になるということは）人殺しになる。また、殺される可能性が高くなる。もし、自分の家族・親族がそうなってしまったら悲しいいし、いやだ。自分が兵士になったとして、今この状況じゃ近藤さんのようになるか、北川さんのようになるかわからないけれど、どちらも悲しいことだと思った。（林田）

戦争はいけないと思う。理由は、人々が亡くなるし、自分まで命をうばわれるかもしれないのに、国のために兵士になるのはありえないと思う。兵士になって戦地に行ったとしても後々後悔するかもしれないし、亡くなって家族が悲しむかもしれないからやらないほうがよいと思うし、襲われたら大変なことになるかもしれないからやらないほうがいいと思う。北川さんみたいな人は少ないと思った。（嶋津）

「兵士」というものはただ、人を殺すもの、味方を守るもの、国のために戦うもの、大切なものを守るだけのために生まれてきたものだろうと思う。人々は、そんな人を殺す人が近くにいたら嫌だろうし、良い気持ちは決してしないと思う。

人を殺すための「兵士」になるのは決して軽いものではない。軍隊は天皇のためやら、なんやら知らないけど、とにかく敵を殺せと教えているだろうし、人々には決していい印象はないと思う。「兵士になる」ということは人を殺す、人に殺されるといってもいいぐらいだと思うから、楽しいことでもないし、うれしいことでもないと思う。（上杉）

多くの子は右の感想のように、近藤・北川どちらの生き方も不幸だととらえている。生きるか死ぬかという極限状態に置かれることを想像できた林田は、自分の家族・親族もしくは自分自身がそのような立場になったときのことを想像して考えることができている。

嶋津は、戦地から生きて帰ってこられても「後々後悔するかもしれない」と、人を殺めたことに対する禍根を残すことを指摘している。戦争体験によって人間としての尊厳を失ってしまうことへの抵抗感を見出すことができる。同様の論点から「安保法案は反対」と述べる子もいた。

上杉は、そんな人間としての尊厳を失った人が近くに存在する状態になることを「いい印象はない」としている。人を殺めた人が街中に普通に存在しているのではと不安を抱かせる社会が、良い社会であるわけがないということを指摘しているといえよう。

本章の第1節で提示した「日本人一般に還元して論じてしまう傾向の回避」という論点についてであるが、この年の実践では子どもの感想から読み取ることはできなかった。しかし、筆者は以前にも同様の実践を行なっており、その時には「前に『日本が悪い』と思いましたが、日本軍の中にも人を憎まず、命の大切さがわかっている兵士もいたことがよかった」と感想を書いた子がいた。[6]北川を紹介することには、当時のさまざまな人びとの意識をつかませるのに大きな意味があると思っている。

最後になるが、以下の感想を紹介したい。


世界の平和のために戦争しても、結局戦争は戦争で、人が死ぬのは変わらない。だからもっと他の方法を考えた方がいいと思う。それか、かわいそうだけど、自分勝手な国は正しい国で一度だけつぶせばいい。または、自分勝手な国はお金がなくて拉致やらなんちゃらするから世界で山分けしたりすればいい。（益子）

この感想には、戦争というものの暴力性を忌避する意識と、理不尽な為政者の政策をなんとかして健全な方向に向けようとするための暴力の肯定が同居している。筆者は、ここに平和教育で考えさせたい論点が凝縮されていると思う。

安保法制が可決されて、自衛隊員が海外で戦闘に参加する可能性は高くなったはずである。最前線で戦う人たちがどのような心理的状況に置かれるのかを想像できる力は、ぜひ小学校の段階からでもつけたいと思っているし、実際本稿の冒頭にあげたとおり、子どもたちにとっても関心の高い問題だった。そこをある程度達成できたことは本実践の成果として挙げられる。

しかし一方で、どのようにして世界の平和と安全を構築していけばよいのか、それもまた深刻な課題であり、現時点で平和の名のもとに武力を行使している国家は存在する。この二つの課題をどうとらえていけばよいのか、それらを議論する場が必要となってくるのだろう。

[注]

(1) 黒古一夫「『二つの花』試論——反戦平和童話の可能性」、田中実・須貝千里編『文学の力×教材の力　小学校編4年』教育出版、二〇〇一年、二二頁。
(2)『歴史地理教育』七六七号、二〇一〇年一一月増刊号。
(3) 近藤一・宮城道良『最前線兵士が見た「中国戦線・沖縄戦の実相」——加害兵士にさせられた下級兵士』学習の友社、二〇一一年、五～六頁。
(4) 山村基毅『戦争拒否11人の日本人』晶文社、一九八七年。
(5) 例えば、吉見義明『草の根のファシズム』東京大学出版会、一九八七年、一三～一四頁。
(6) 拙稿「小学校の戦争学習——二人の兵士の姿から」『子どもが主役になる社会科』第四五号、六頁。

COLUMN

「楽しい授業」は準備段階から楽しい

石上　徳千代

楽しい授業をしたい！

教師は、「楽しい授業をしたい」と考えます。しかし、なかなかそれができずに、苦戦する場面も多いかと思います。特に社会科は、子どもたちが興味をもつ教材をいかに見出すかが勝負の教科です。さまざまな教材発掘法がありますが、今回は、図書館などに置いてある自治体史に注目したいと思います。

地域の図書館に行くと、『○○市史』『○○県史』のような自治体史の本が置いてあります。他の本に比べると、明らかに読まれる頻度の少ない本です。しかし、社会科授業づくりには、たいへん重宝する本です。今回は、この自治体史を授業づくりにどのように生かしてきたのかを紹介したいと思います。また、生かす過程での楽しさについても述べたいと思います。

記録を整理してみた

勤務する牛久《うしく》市の中央図書館に「郷土資料コーナー」があります。そこには、『牛久市史』や『牛久市史料』が置いてあります。『牛久市史料』には、「石造物編」があります。手にとってページをめくってみます。すると、市内のどこにどのような石碑があるのかが写真付きで網羅されています。しかも、石碑の碑文も記載されています。すごい資料です。

ページをめくり続けると、学区の「戦歿者慰霊之碑」が出てきます。碑文には、日露戦争からアジア太平洋戦争までの戦没者氏名、戦没年月日、戦没場所などが一四九名分、記録されています。貴重な資料なので、授業で使いたいと思いました。そこで、これらの碑文の記録を表にまとめ、見やすい資料に整理しました。それを見ると、さまざまな気になる事実が見えてきます。たとえば、次のような事実です。

▼フィリピンやニューギニア島での戦没者がたいへん多い。

▼パラオのペリリュー島での戦没者はすべて同じ戦没年月日になっている。

▼ほとんどの戦没者が一九四四年と一九四五年に集中している。

▼一九四五年八月一五日以降に亡くなった戦没者も多い。

このような事実を子どもたちと共有するために、作成した表を配布しました。そして、表に整理された事実を地図や年表にシールを貼って整理することにしました。戦没者一人につき、シールを一つずつ地図や年表に貼る活動です。この方法は、『歴史地理教育』にかつて掲載されていた「お墓調べ」や「戦没者名簿調べ」の実践がヒントになりました。

このような準備で、授業を試みたところ、子どもたちはさまざまな疑問をもちました。そして、意欲的に疑問の解決に向けて探究していきました。

手紙を書いてみた

『牛久市史料』の「石造物編」には、日露戦争で亡くなった戦没者の慰霊碑・墓碑もいくつか載っています。確認すると、学区にもいくつか建立されています。碑文を読むと、「常陸丸」「玄界灘」などと書かれています。日露戦争中に中国に向けて航行していた常陸丸がロシア軍に攻撃された事件（常陸丸事件）が起きました。これらの碑は、そのときの戦没者を慰霊するために建立されたものです。

詳しく知りたくなったので、出来事の詳細や他の常陸丸事件の慰霊碑・墓碑などをインターネットで調べはじめました。検索してみると、二つのタイプの碑を見つけました。一つは、事件で戦没した日本人を慰霊するタイプです。これは、学区の碑や靖国神社内の慰霊碑など、数多く見られます。そして、もう一つは、戦没した日本人とロシア人の双方を慰霊するタイプです。たとえば、山口県長門《ながと》市のある公民館のブログに、「常陸丸遭難者の墓碑」と「露艦戦士の墓碑」が並んで建立されている写真を見つけました。そして、毎年六月一三日に「日露兵士合同慰霊祭」を行なっているとありました。同じ出来事での戦没者ですが、一方は日本人のみの慰霊、もう一方は日露双方の慰霊を行なっています。この違いに興味をもちました。

そこで、ブログを書いた長門市の公民館に質問の手紙を送ることにしました。「日露双方の供養はいつごろからはじまったのか」、「どのような経緯で碑が建立されたのか」などの質問を書きました。数日後、勤務校に電話がかかってきました。公民館の館長さんからでした。手紙の回答をするために、わざわざ電話をくださいました。そのときは、質問への回答のほか、地域で続く慰霊祭の様子や碑文の内容についても教えていただきました。また、ご厚意で墓碑の碑文を紹介した地元の資料も送っていただきました。

いただいた資料や情報をもとに、授業を試みました。「なぜ、日露戦争なのに、常陸丸は中国に向かったのか」、「なぜ、長門市の人は、日本人とロシア人のどちらも供養したのか」などを考えてみました。

実物を見に行ってみた

授業で江戸時代の百姓一揆について学習したいと思い、『牛久市史』の近世編のページをめくりました。牛久市では、江戸時代に牛久助郷《すけごう》一揆（牛久騒動）が起きています。助郷とは、街道の宿駅で輸送用の人馬が不足した場合に、街道の周辺の農村に課された役割です。人馬の提供が難しい場合は、その負担を金銭で代替していました。この助郷の負担に悩む百姓たちが、負担増を画策する問屋飯嶋治左衛《いいじまじざえ》門《もん》らの邸宅を襲いました。その後、この騒動の首謀者は取り押さえられ、江戸で獄中死を遂げました。そして、被害にあった飯嶋治左衛門は、首謀者の供養塔を建立しました。『牛久市史』を読むと、そのように説明がありました。

読んだときに、疑問をもちました。「なぜ、被害にあったのに加害者を供養するのか」という疑問です。「家を壊されたのに、その首謀者を供養するのはおかしい」と思いました。そこで、実際にその供養塔を見に行くことにしました。

実物を見に行くと、供養塔は道標も兼ねたものでした。単なる供養塔ではないようです。ますます興味がわきました。調べていくと、自分が所属している茨城県歴史教育者協議会の元会長が研究を進めていました。しかも、電話で話を聞くと、供養塔を発見したのはその元会長でした。

授業では、「なぜ、襲われた被害者が加害者のために供養塔を建てたのか」という問いで学習をしました。元会長に子どもたちの考えを手紙で送り、回答をいただきました。被害を受けた飯嶋治左衛門ですが、今後の商売を考えると百姓の感情を和らげる必要性から供養塔を建てたのではないか、との回答でした。しかし、首謀者を供養するのは、幕府への手前あからさまにするわけにもいかなかったようです。そこで、道標と兼ねることで一種のカモフラージュをしたのではないか、との回答でした。しかし、諸説あるようで、子どもたちも手紙の回答にふれると、さらに疑問をもちました。百姓の力を無視して生活することができなくなった江戸時代の一側面を学ぶ機会となりました。

楽しい授業をするには、それなりの準備が必要です。「準備が必要」などと言われると、なんだか面倒くさい感じがします。しかし、この準備自体がたいへん楽しく、進めるうちに授業が待ち遠しくなります。今回紹介した事例は、教材研究をしている段階から授業が待ち遠しく感じました。子どもたちはどのような疑問をもつのか、どのように考えるのかなど、わくわくしてきました。

自治体史を漠然と読むだけでは、授業の構想までたどり着きません。読んで「なぜ」と感じることが大切です。そして、そのことが、以前読んだ実践と結びついたり、人から聴いた話とつながったりしたときに、「楽しい授業」の構想に発展していきます。

忙しい毎日ですが、「楽しい授業」の実現こそ大切にするべきです。そのためのヒントに少しでもなれば幸いです。

第4章

浅川巧から見た日本の植民地支配

高橋 珠州彦

1　時代の息吹を感じる授業を目指して

明星学園中学校社会科では、歴史分野の学習を東アジアの中で位置づけようと近年取り組んできた。二〇一七年度は中学三年生の歴史授業において、朝鮮の植民地化が進む中で自らの意思に基づいて行動した日本人、浅川巧(1)の教材化を試みた。近代の学習では、とかく政治状況の解説に傾倒しがちである。しかし、草の根の活動を続けた浅川巧を教材化することで、さまざまな角度から意見を出し合い、当時の社会背景や朝鮮半島について理解を深められる授業を行ないたい。

授業を行なった明星学園は、一九二四年に創立された私立学校である。大正デモクラシーの影響を受けた自由主義教育運動のさなか、生徒一人ひとりの感性を大切にした教育を行なう学校として開学した。今日では、教科の別を問わず、生徒による自由発言や討論を中心に授業が展開され、個々の生徒が何をどう考えたのかを大切に授業を進展させている。

本授業実践は、まさに学校創立の背景となった時代とも重なり、生徒が自分たちの学習環境や学校で学ぶことの意義を再確認できるものと考えた。また生徒たちは、日常的に接する報道やさまざまな情報から、戦前戦中期に日本は近隣諸国に対して「悪いこと」を行なっていたと無意識的に理解しており、そのために現代でも日本は近隣諸国と良好な関係が保てていないという、諦めのような印象を持っている。一方、日本と朝鮮半島との関係では、文化や芸術に関する情報がテレビや映画を通じて日々紹介され、親しみを持っている生徒が多い半面、両者間の歴史的・政治的な課題に対して、生徒は個々人レベルでさまざまな感想を抱きつつも、家庭や友人間でそれらを話題にする機会は乏しい。

そのため、授業で話題として取り上げることで、生徒たちが高い関心を持って討論できるテーマであると考えられる。

また、本授業実践では一人の人物を取り上げ、その人物や周囲の人びとの視座から彼らの思考や感情を想像し、当時の時代状況の理解へと視界を広げていくことにした。日本の植民地政策を政治状況や政策の意図など「上からの視点」で扱うのではなく、その時代を生きた草の根の人物の「下からの視点」で考えることで、生徒が時代の息吹を感じながら議論できることを意図した。

2 浅川巧と生徒の出会い――文献から学ぶ韓国併合

この授業は、全体で六時間の単元とした。単元の構成は以下のとおりで、前半の一～三時間目は講義中心の授業、後半の四～六時間目は討論中心の授業とした。

一時間目 日清・日露戦争が発生した背景と、日本の関わり方、講和条約の内容を知る。
二時間目 大韓帝国を植民地化する過程を知る。
三時間目 韓国併合の大義名分や、植民地支配の正当化を考える。
四時間目 浅川巧は朝鮮の人びとをどう思っていたのか考え、自分の意見を発表する。
五時間目 朝鮮の人びとは浅川巧をどう思っていたのか、討論する。
六時間目 浅川巧の評価をめぐって、さらに討論する。相村氏へ手紙を書く。

また事前学習課題として、梠村彩氏の『日韓交流のさきがけ　浅川巧』から、浅川巧の事績についてまとめた一節（二〇頁ほど）を自主的に読み進める指示を出した。この梠村文献は、梠村氏が中学生の頃に自主研究としてまとめたものであり、中学生が読みやすいものと考えた。それぞれの授業の概略は以下のとおりである。

一時間目の授業では、近代以降日本が帝国主義化を加速していった姿を学習した。生徒たちは甲午農民戦争や義和団事件を機に欧米との不平等関係解消を急ぐ日本の姿勢を感じ取ったようであった。

二時間目では、日本が大韓帝国を植民地化する過程を学習した。二人の教師が教室に立つ朝鮮での授業風景や、東洋拓殖会社による土地買収を話題として取り上げたことで、生徒たちは日本の強い姿勢や植民地化の実像を感じている様子であった。

三時間目では、当時の日本政府が何を大義名分に韓国併合を行なったのかを確認した。最初に、一九〇三年頃にソウル郊外の景観を写した写真を提示し、続いて資料「林野分布図」(2)を提示した。この「林野分布図」は、朝鮮半島に「はげ山」が多いことを示すために朝鮮総督府が作成したものである。この日本は韓国併合を進める大義名分として、朝鮮の近代化を促すことを掲げていた。この「林野分布図」が示す朝鮮半島の「はげ山」は、当時、燃料確保や畑作のための無計画な森林伐採結果とされ、朝鮮の人びとの生活を近代化させる必要性を主張する根拠とされた。この授業では、いくつかの研究において、朝鮮半島における「はげ山」の成因は燃料確保によるものだけでなく、自然条件や経済的、政治的、社会的な理由が複雑に関連した結果であることが指摘されている(3)ことを紹介し、「はげ山」＝「無知」「愚か」と単純化することはできないと解説した。この授業を通して生徒からは、「何を考えていたんだ……」と日本の行為に対する落胆のようなつぶやきが聞かれた。また何人かの生徒は、課題文献の題材になっていた「浅川巧」が、「林野分布図」を作成した朝鮮総督府農商工務部の林業試験場に勤務していたことに気がつき、「あっ！」と声をあげていた。

3 浅川巧について話し合う生徒たち——後半の討論授業

前半の授業で、帝国主義化を加速する日本の姿勢を理解し、さらに韓国併合の様子について学んできた生徒たちは、「はげ山」の話題と関連して浅川巧が登場したことに驚いた様子で、後半の討論を中心とした授業に突入した。

後半の授業は主に二段階に分けて討論を進めた。最初の授業は、「浅川巧は朝鮮の人びとをどう思っていたのでしょうか」と題し、朝鮮半島に渡った浅川巧が朝鮮の人びとをどのように見ていたのかを考えさせた。生徒たちが浅川巧を考えるベースには栢村氏の課題文献があり、林業技術者としての浅川巧が感じた印象や民芸研究者としての浅川巧の視点が議論の鍵を握っている。前時までの授業で、生徒たちは「悪」「負」の印象がつきまとう日本の植民地支配と同じ土俵に浅川巧が登場したことに大きな戸惑いを感じている様子がうかがえた。そこで、授業時に配布した記述用のメモ用紙には、「技術者としての浅川巧は何を考えていたでしょうか」、そして「朝鮮各地を歩いた浅川巧は何を考えていたでしょうか」という二項目を自由に書き出すよう指示した。作業にあたって、生徒たちには周囲の生徒二〜三人で自由に話し合いながら、出てきた意見を書き留めるように促した。

朝鮮各地を歩いた浅川巧が見たもの

意見を書き出す作業の後、「技術者としての視点で浅川巧は何を考えていたのか」との観点で意見を発表し合う段階で、生徒からは「山梨で森林伐採の結果大水害に見舞われた経験があるから、朝鮮の景色を見て『救わないと』と思ったに違いない」という意見が飛び出してきた。また「自然と関わることが好きだった浅川巧は、自然を愛する気持ちから純粋に植林する樹種を探して歩いたに違いない」「日本と朝鮮の樹種が少しずつ違うことに興味を持ったのではないか」「巧は『その土地のことはその土地の人が一番知っている』とわかっていたのではないか」といった林業経験からの発想や、自然に対する愛情から行動していたのではないかという意見が多くみられた。さらに「林業試験場に勤める朝鮮人技術者からたくさんのことを教わっていたに違いないから、朝鮮の人びとを愚かだとは思っていなかったのではないか」と、同僚との関係に思いをはせる意見も出てきた。このように純粋な気持ちから「はげ山」の緑化に尽力した浅川巧は、朝鮮の人びとに対するマイナスのイメージは抱いていなかったのではないかという論調で議論は進んでいった。

こうした中、授業の後半で投げかけた次の課題は、「朝鮮各地を歩いた浅川巧は何を考えていたのでしょうか」というものであった。権力者ではない人物の視点や眼差しを想像するために提示したのが図4-1である。この図は、浅川巧の著書『朝鮮の膳』の中で、彼自身が描いた朝鮮の人びとの日常の姿である。そのため、「このイラストのタッチからどのような浅川巧の眼差しを感じられるのか、見てみよう」と、生徒に投げかけた。

図4-1のイラストを見た生徒たちからは、スケッチの上手さに感心する声があがる一方で、ちょっとユーモラスな雰囲気が伝わるような筆運びを感じ取り、「優しい絵だ」という声もあがった。主人が堂々と食事をする姿として描かれているのに対し、女性が背を向けて食事をしていることに気がついた生徒は、「男の人は偉そうだ」「女の人は控えめに食べている」というように男女による違いを指摘していた。また多くの生徒は、『朝鮮の膳』の使い方を調べていた浅川巧が生活の細かい点まで

観察していることに驚いている様子でもあった。

次第に生徒の意見から、こうした旅を続けた浅川巧は「親切に応えてくれた朝鮮の人びとには感謝していたと思う」「国は違えど、生活にささやかな喜びや楽しみを見つけ出し、生活を楽しもうとする姿は日本の田舎と同じ」と微笑ましく人びとを見つめていたのではという意見が聞かれるようになった。また朝鮮の生活や民芸に関心を抱くようになったきっかけに対しても、「林業の技術者として『はげ山』ができる原因を探るためには各地の文化を知らなければ」と、彼自身の責任感がその理由となっていたのではないかと想像する意見も出された。生徒たちは、純粋に仕事に打ち込む浅川巧の姿から温かみのある視点を感じ取っている様子であった。

図４−１　浅川巧が描いたイラスト

浅川巧の視点から考えてきた四時間目の授業は、資料から個々人が感じ取った意見を表明し合うことによって、浅川巧の自然に対する純粋な気持ちや、朝鮮の人びとに対する敬意を確認し合うことによって進んでいった。これらは生徒自身が事前学習として読んだ文献から受けた印象を言葉にしたものであり、無意識的に浅川巧を「善」としてイメージ化していたのかもしれない。そこで、次の討論授業は逆の視点、すなわち浅川巧を受け入れた朝鮮の人びとの視点に立って議論を展開した。

朝鮮の人びとは浅川巧をどう思っていたのか

後半二回目の授業となる五時間目は、「浅川巧の周りの朝鮮の人びとは巧をどう思っていたでしょうか」という問いから始めた。前回は浅川巧が朝鮮に渡った時の視点であったため、生徒自身が留学や旅行などで外国に行った経験と重ね、感情移入して思考している様子も見受けられた。しかし今回は逆に、植民地支配を受ける側の人びとが支配者側の人物をどのような気持ちで受け入れたのか、という難しい課題である。生徒たちは一様に困惑の表情を浮かべるところから授業が始まった。さらに今回は「朝鮮の人びと」という大勢の視点に立つという意味で難しいと感じた生徒も多いようであった。

そこで、この授業では、まず「浅川巧と行動をともにした朝鮮人技術者は巧をどう思っていたのか」という観点から意見を求めた。課題文献でも現地の技術者を伴って各地に出かけた記述があるため、生徒たちは朝鮮人技術者とペアで行動する姿を想像して考えている様子であった。前時と同様、記述用のメモ用紙を配布し各自意見を書き出した後、周囲の生徒たちと意見交換を行なうように指示を出した。教室のあちこちで議論が起こりはじめたため、教員側でいくつかの意見を黒板に書き出し、教室全体に提示していった。すると、生徒たちは「自分も同じように考えた」「それはどういうこと?」などと発言の連鎖が始まった。

教室にさまざまな意見が飛び交う中、多くの生徒から出た意見に「支配する側の日本人が赴任してきたので、とても印象が悪かったに違いない」というものがあった。ところが事前に読んだ課題文献では、浅川巧が林業試験場で孤立していた様子を感じる記述はなかったという意見もあり、次第に議論は「日本人の技術者として良い印象はなかったが、真面目に取り組む姿や技術者としての技術力に感心し、〝技術者同士〟という感覚で尊重し合っていたのだろう」という意見に集約していった。こうして生徒の討論は「日本人としては嫌い」だけど「技術者としては敬意を持つ」という、相反する感情をもって林業試験場での仕事を行なっていたのではないかという意見で落ち着きそうになった。

しかし、ある生徒が「日本人とか朝鮮人とか考えていなかったんじゃないか」とつぶやいたことで、討論が新たな展開を始めた。この発言に多くの生徒は驚いた様子であり、教室は静まり返った。教員のほうで「どういうこと?」とさらに発言を促すと、「一緒に仕事をするのに、いちいち国籍なんか気にしないのでは?」「朝鮮の言葉や文化を一生懸命に学んで、朝鮮のことを深く知ろうとしていた浅川巧と一緒に仕事をしていたら、〇〇人だ……などという考えは浮かばなかったと思う」という説明がなされた。また別の生徒からは、「日本人は朝鮮の人びとが無知で無能だから『日本が近代化してあげる』という感覚だったのに、巧は普通に接してくれたことが現地の人びとは嬉しかったに違いない」という意見が飛び出してきた。これは、人を差別することなく自然を愛し仕事と向き合った浅川巧に対する生徒なりの評価が感じられる発言である。

この後、教室での議論をさらに大きく動かす発言があった。こうした「相互理解を深めたのではないか」という議論に不満を持った生徒からの発言であった。「そんなに朝鮮の人びとに受け入れられ、朝鮮の人びとに寄り添った浅川巧の態度を日本側は許すのか?」というものである。この発言をきっかけに、それまで議論に対して積極的ではなかった生徒たちも口ぐちに「朝鮮総督府の職員なのだから、目をつけられていたに決まっている」「いざとなれば総督府は彼を殺せばよいのだから、ぎりぎりまで監視していたのではないか」などと発言しはじめた。そうした発言を聞き、「お互いに理解し合っていた」と主張していた生徒たちは、「浅川巧には味方が多かったから、朝鮮総督府だって浅川巧を殺せるはずがない」「巧は仕事に一生懸命なだけでなく、朝鮮の人びととの生活や文化にまで関心を持って学んでいたのだから、悪く思われるはずがない」という、浅川巧を「弁護」するかのような発言が続いた。

この議論はさらに深まっていき、「朝鮮総督府は日本の植民地支配を着実に進めていかなければならない組織なのだから、そこの職員である巧は総督府の方針に基づいて行動し、ルールは絶対に守らなければならないはずだ」「朝鮮の人びとに受け入れられていた浅川巧が早くに亡くなったのは、病死などではなく総督府による〝暗殺〟だったのではないか」という発言まで飛び出してきた。生徒たちの発言は二項対立ではなく、それぞれの立場が入れ替わりながら次々と展開していった。「ルールを守っていなかったら、上司が注意を与えれば済む話だ」「いや、日本政府が『変えなければならない』と考えている朝鮮の生活や文化を『価値がある』と評価しているのは、絶対に許されないのではないか」と、民芸研究者として朝鮮民族美術館の設立に尽力する浅川巧の姿や、民芸に関する数々の著作を残している浅川巧の行動が当時どのように受け取られていたのか、想像をふくらませている様子が印象的であった。そこで議論は、浅川巧の行動は「善」であったけれども、当時の日本政府の方針に照らすと「困った」「悪」の存在であったという論調になってきた頃、授業終了の時間を迎えてしまった。生徒には、このままでは終われないので次の時間に持ち越そうと宣言し、この討論授業を終えた。

さらに浅川巧の評価をめぐる討論へ

続く六時間目の授業は、前回未消化に終わった議論の続きから始まった。前回の板書を再現し、議論の途中経過を確認することから再開した。前時の確認を終えた後、「ところで日本政府が朝鮮半島を植民地化しようとした時の大義名分は何だっただろうか」と確認を促した。生徒たちは「朝鮮の人たちの生活を日本人が〝改善〟してあげることだった」「日本人は朝鮮の人びとに対して〝善い行ない〟をしてあげていると思わせることだ」などと発言が飛び交った。するとそんな中、ある生徒から「浅川巧の行動は、まさに朝鮮の人びとに日本人の〝善行〟として受け入れられている！」「朝鮮総督府の『日本人が朝鮮の人びとを近代化してあげる』という方針に沿った行動だ！」という驚きの声が起こった。浅川巧は純粋に、自分が持つ林業の知識や技術を朝鮮の林野の緑化活動に注ぎ込み、持ち前の民芸への関心から朝鮮民芸の価値を強調していった。林業技術者として、あるいは民芸研究者としての浅川巧の事績はそれぞれ評価を得るものであったことには違いないが、植民地化を進める日本政府の立場や浅川巧自身が朝鮮総督府の職員であったことを考えると、彼の事績を簡単に「素晴らしいものだった」とは言い切れない事実に生徒自身が自ら気がついていた。浅川巧の行動は、ある側面では朝鮮総督府や日本の植民地政策に対する警鐘や反旗とも受け取られかねない行動であったといえる。また別の側面では、彼の朝鮮での行動は植民地支配を行なう大義名分にも沿った、日本の〝善行〟を朝鮮の人びとに印象づける格好のものであったとも考えられる。

この六時間目の授業では、前時に残された課題として「浅川巧の葬列に参加し、巧の遺体をソウルで大切に埋葬した人びとは、どのように彼のことを思っていたのだろうか」という問いを考えていった。この課題は、浅川巧とペアを組んだ現地技術者のみならず、彼の死を悼んだ多くの人びとの視座で考えることで議論の視界を広げることを意図している。時代背景や国の政策と浅川巧の行動を対比して考えるようになった生徒たちは、複雑な思いでこの課題に取り組んでいる様子であった。「なぜ他の日本人ではなく、浅川巧が早世してしまったのだろう」「植民地支配が強まる中で、〝普通〟に接してくれた浅川巧のことが嬉しくて仕方なかったに違いない」「浅川巧が朝鮮の文化に関心を持って行動してくれたことで、植民地支配が続き自信を失いかけていた朝鮮の人びとには自信を与えてくれた」「自分たちももっと朝鮮のことが好きになるきっかけをくれた巧には感謝の気持ちしかない」と、日本への同化が強制的に進められつつあった朝鮮の人びとにとって、浅川巧の行動が心の支えになっていたことに思いをはせる発言が続いた。そして、浅川巧の行動が朝鮮総督府の「思惑どおり」「大義名分に沿った行動だった」という議論を踏まえたうえでも、「巧の存在を通して本当の日本人を知り、いろいろなことを学ぶきっかけになっていた」「彼が残した林業技術や民芸を大切にする気持ちは自分たちが受け継ごう」「若くして亡くなった彼の無念は、今度は自分たちがやっていく番だ」という思いが強かったのではないかという発言がみられた。三・一独立運動などで日本に対する反感が強まり、「日本人」が朝鮮では受け入れがたくなっている状況下で、浅川巧と周囲の朝鮮の人びとは心からわかり合っていたことを生徒たちは気がつき、自分たちの言葉に置き換えていった。

討論の授業はこのように、生徒たちの自由な発言に基づいて進行した。振り返ってみると、授業者側が用意していた課題は必ずしも生徒の議論を充実させるために有効なものではなかったかもしれない。しかし、生徒たちの中で浮かび上がった疑問や自ら問おうとする課題を討論の中で発見し、それを全体に投げかけることで生徒の討論は深まり、浅川巧を題材に、時代背景と草の根の人物の行動を対比して考えることができたのではないだろうか。この授業は、課題文献の著者である椙村氏に、授業中に新たに浮かんだ疑問や質問、意見を「手紙」という形で伝えるという課題で締めくくることにした。

4 相村氏への手紙

相村氏への手紙は便箋一枚に手書きで書くという条件で、内容は自由に書いてもらうということにした。会ったことのない相手に手書きの手紙を書くという課題は現代の生徒に受け入れてもらえるだろうかという不安もあったが、それは取り越し苦労であった。便箋を配ると教室は静まり返り、誰一人として周りの生徒と相談することもなく真剣に便箋に向き合っている姿が印象的であった。
生徒たちから相村氏に宛てた手紙には、次のようなものがあった。

「本当に朝鮮総督府と浅川巧の行っていることは同じ方向性なのかと僕は疑問に思いました。朝鮮総督府の本音は朝鮮半島を支配したいということで、大義名分はそれを正当化するためのものです。また、文化まで否定しているわけではないものの、朝鮮の生活を無計画と断定し、朝鮮の人々を無知だと決めつける姿勢には、朝鮮人を理解しようという姿勢は感じられません。一方、巧は朝鮮人と共に行動して朝鮮各地を巡って朝鮮の人々や文化と触れあい、朝鮮の民芸に興味を持って『朝鮮民族美術館』を設立したり、『朝鮮の膳』と『朝鮮陶磁名考』という本を書いたりしました。このことからは、朝鮮人をバカにするような気持ちは全く見えず、むしろ朝鮮人から学んでいるように感じられました。ですから、周りの日本人とは合わなかったのではないかと思い、『周りの日本人は浅川巧をどう思っていたか』という疑問が残りまし

た」（山田）

この山田の意見は、朝鮮文化に関心を持ち、朝鮮の人びとの生活に寄り添った浅川巧の行動は朝鮮総督府の考えと一致していたのではないかという論調に落ち着きつつあった際、強く違和感を感じて自分の考えをまとめたものであると考えられる。山田は、朝鮮の人びとから学ぼうとする浅川巧の姿勢を感じ取り、むしろ朝鮮総督府にいる多くの日本人たちからどのように見られていたのかという点に関心が向いている。討論授業を次に展開するならば、この視点を教室で議論してみたいと思わせる感想である。

また、次のような感想もあった。

「外国に興味を持ち、ここまで人望の厚い人がいたのかと思いました。『浅川巧』が人をひきつける魅力というのは、相手のことを親身になって協力してあげるところではないかと考えました。授業内では『浅川巧のしている事は総督府の方針にそむいているのではないか』という質問がありました。自分の考えとしては、『浅川巧は朝鮮人に深入りしすぎて邪魔な存在になっていた』と考えました。しかし、浅川巧のした事は全く悪いことだとは思いません。ぜひこの人に会ってみたいと思います」（佐藤）

この佐藤は、朝鮮の人びとの生活に関心を持ち、丹念に調査をして歩いた浅川巧の行動に驚き、関心した様子で授業に参加していた。そのことがこの感想にも表れている。佐藤は、浅川巧の行動は朝鮮総督府の方向性とは異ならないものの、朝鮮の生活や文化に興味関心を強く持ちすぎたことで、総督府から疎まれる存在になっていたのではないかと考えていた。そこで浅川巧が総督府から目をつけられる存在になっていたのではないかという議論の際に、教室では主張しきれなかった「巧の行動は悪くない」という自分の考えを手紙に表明している。教室での議論では、生徒の主張が立場を入れ替えながら展開したが、この佐藤のように必ずしも教室内で主張しきれない意見を持った生徒は多くいたものと思われる。

生徒の手紙の中には、浅川巧が強く惹かれた朝鮮民芸や朝鮮の文化に対する次のような意見もみられた。

「朝鮮の文化に興味を持ってから『日本人』とか『朝鮮人』という壁を気にせず、真剣に向き合って、朝鮮との関係をつくった浅川巧は、すごい人物だと思いました。朝鮮の文化である膳に興味を持った浅川巧の姿を本で読んで、『朝鮮の膳』には、どんな魅力があるんだろうと、気になりました」（木下）

「今、韓国のアイドルが日本で流行っていたりなど、文化やその国の特徴を共有できていることの奥にはこんな人がいて、こういう経緯があったのかと知ると本当にすごいことなんだと感じました」（宮本）

木下のように、浅川巧をそこまで惹きつけた朝鮮民芸とはどのようなものであったのか興味が湧いた生徒は複数いたようである。教室のなかでは、朝鮮の生活や文化に強く関心を持ったがために日本側から敵視されたのではないかと議論されていた。一方で、必ずしも教室での意見表明には至らなかったが、そこまで浅川巧が心酔した朝鮮民芸とはいったい何だったのかという関心を抱いた生徒もいた。また宮本のように、現代日常的に日本で見聞きできる韓国文化と重ね合わせて、日韓の文化的な交流に思いをはせている生徒もいた。さらに宮本は、次のようにも書いている。

「今、日本と朝鮮はいい関係ではないとニュースなどで耳にすることが多く、朝鮮辺りから日本に対して行われる行動に怖いと思う人もいて、あまりいいイメージがないと思います。なのでもし、この今の状況を浅川巧さんが知ったらどう思うのだろうと疑問に思いました」（宮本）

現代の日本と朝鮮半島をめぐる情勢に思い至らせて書かれた宮本の感想から、今回の授業を現代の課題と重ねて考えていたことがわかる。先の佐藤が「ぜひ浅川巧に会ってみたい」と述べているように、現代の情勢を浅川巧がどう感じるのか直接意見を聞きたいと感じた生徒は、ほかにもいたようである。

生徒たちが考えたことをこれらの手紙にまとめさせることで、今回の討論授業が多くの生徒の心を揺さぶっていたことを改めて感じ取ることができた。また、現代の情勢と重ね合わせて「今、自分たちの世代ができること」「浅川巧が今の日本の様子を見たら、どう思うか」などという観点で意見を述べている生徒も少なからずいたことは、とても印象的であった。手紙を受け取った椙村氏からは、一人ひとりの手紙に目を通し、中学時代に書いた文章を題材に中学生が学習に取り組んだことに感激したとのお返事をいただくことができ、生徒と共有させていただいた。

5 終わりなく展開する討論授業

本授業では、生徒が自らの立場に置き換えて討論を行なっている姿が印象的であった。発言者の立場がどちらかの論調のまま貫かれることはなく、生徒たちは他の意見に影響を受けながら思考を深めていた。また浅川巧自身、朝鮮民芸の研究者、朝鮮総督府に勤務する林業技術者という違った立場を持っており、討論の題材としても二項対立に陥らず、多項対立で議論が進んだことは生徒の深い思考に影響を与えたと考えられる。また、浅川巧という具体的な人物を取り上げ、彼や彼を取り巻いていた多くの人びとの視点に立って議論できたことで、政治情勢の解説に傾倒することなく具体的に考えを深めることができた。浅川巧は、政治権力の側に立つ人物ではなく、自らの意思で草の根の活動を続けた人物であるからこそ、生徒の自由な発想に基づいた意見交換が可能であった。今後は、浅川巧を取り巻く日本人の視点も加味した授業展開を検討していきたい。

[注]

(1) 浅川巧は、一八九一年に山梨県北巨摩郡甲村(今日の北杜市高根町)に生まれ、営林署勤務などを経て、一九一四年に朝鮮総督府の林業試験場職員として日本の植民地支配下の朝鮮に移住した。朝鮮での浅川巧は、朝鮮半島の山林緑化に取り組むとともに、民衆の生活用具に関心を持ち、陶磁器など朝鮮民芸の研究にも力を注いだ。浅川巧の系譜や主要業績については、梠村彩『日韓交流のさきがけ　浅川巧』揺籃社、二〇〇四年から「朝鮮での足跡」九七〜一二〇頁、高崎宗司『増補三版　朝鮮の土となった日本人　浅川巧の生涯』草風館、二〇一五年を参考にした。

（2）朝鮮総督府『朝鮮林野分布図』（国立公文書館デジタルアーカイブ「請求番号ヨ六五二－〇〇〇三」）一九一二年発行。

（3）千葉徳爾「林地荒廃現象からみた朝鮮半島南部の歴史的地域構造」『歴史地理学紀要』第四巻、一九六二年では、林地荒廃に至る地域的要因を構造的に分析しており、米家泰作「『近代』概念の空間的含意をめぐって」『歴史地理学』五四－一、二〇一二年では、林地荒廃現象が当時の政策を正当化する根拠とされていたことが指摘されている。

COLUMN

ある日突然、中国からの転入生がやってくる

三橋　昌平

転入生が日本に来る理由

「明日から来るからよろしく」。突如として、中国からの転入生がやってくることが管理職から知らされます。日本人の転入生では「突然」ということはありません。前在籍校から連絡があり、転入することがあらかじめ知らされます。ところが中国からの転校生の場合には、こういったことが頻繁に起こります。担任となる先生は一応、こう聞きます。「日本語は話せるんですか」。すると、たいていの場合、窓口となっている教頭先生は「保護者は多少話せたよ」と答えます。こういったやりとりが年間で何度も繰り返される小学校に、私は勤めていました。この学校には六年間勤務し、初めはこうした出来事に驚いてばかりでしたが、日常的なことなので間もなく動じなくなりました。

なぜ、このような転入生が多いのか。子どもたちと生活したり、地域の人や保護者と話したりしていくなかで、だんだんとその背景がわかってきました。まず、子どもたちはどこから来るのか。ほとんどが中国の黒竜江省ハルビン周辺からです。つまり旧満州です。事情に詳しい先生に聞いてみたところ、残留孤児の四世に当たるといいます。なるほどと思いながらも、なぜこの地域に来るのかという疑問は残ります。これについてははっきりとはわかりませんでしたが、団地が多い地域なので、家賃の関係と中国コミュニティの存在という点がポイントだと感じています。日本に来るのは親の就労が理由。つまりは親の都合で日本に来ています。ですから、子どもとしては「連れてこられた」と感じている場合が少なくありません。

違いを自然と受け入れる子どもたち

転入してきた子どもたちは日本語を一言も話せま

せん。それで、どうやって学校生活が送れるのだろうか。そうした心配を担任はします。学区の地域性が大きく関連しているのですが、そこの学校のクラスには中国生まれで中国国籍、日本生まれの中国国籍、帰化して日本国籍などの子どもがいました。中国国籍でも、日本生まれで中国語が話せない子どももいます。何かしら外国につながりがある子どもは、クラスの約五〇パーセントでした。別の見方をすれば、クラスには中国語を話せる子どもがたくさんいて、かれらは通訳を買って出てくれます。転入して右も左もわからない初日の緊張した子どもも、中国語を聞くことで安心します。

初めのうちは中国語を話せる子どもといることが多い転入生ですが、慣れてくると、中国語を話せない子どもとも仲良くなっていきます。あるとき、転入してきた中国人の子どもに担任が説明しても伝わらなかったことが、子ども同士ではきちんと伝わることがあり、なぜだろうと思っていました。よくよく子ども同士のやりとりを見ていると、日本語しか話せない子どもが簡単な日本語と身振り手振りとを使いながら、なんとかして伝えようとしているのです。その光景にハッとしました。転入生に慣れている子どもは、自然と助ける、手を差し伸べるという対応がとれていたのです。どうすればいいだろうと一番オロオロしているのは担任です。「言葉以外の情報を使ったコミュニケーション」能力が、子どもたちには日々の生活で身についているのだと感じた場面でした。

そのうち転入生も、だんだんと日本語を覚えていき、クラスに溶け込んでいきます。外国につながる子どもが多いクラスでは、中国からの転入生も「外国人」として特別扱いされません。クラスに「外国人」が一人や二人ではなく「たくさん」いるというのは、彼らにとって安心材料だったと感じます。少なくとも私の見える範囲で、「外国人」だからという理由でいじめが起きたことはありませんでした。そもそも、いじめが起こりにくい環境だと感じていました。なにしろ過半数が「外国人」である状況ですから。「外国人」というような目につきやすい「違い」が、いじめの原因にはなりえないのです。こういう環境で生活している子どもには、自然と多文化を受け入れる土台ができていくのだとも思います（当時の学校に在籍していた大半は中国籍の子どもでしたが、フィリピンやインドネシア、ハンガリー、ヨルダンといった国の出身の子どももいました）。

体育・図工・音楽が難しい

生活に慣れてきて半年ほどすると、日本語で話すことが増え、ほとんど生活で困ることはなくなってきます。そうすると保護者も担任も安心し、目が離れがちになるのですが、学習はそうはいきません。「生活言語」と「学習言語」は違うからです。すらすらと日本語を話し、ノートもきちんと書いているのですが、テストをすると内容は理解できていないことがわかります。ノートは写しているだけなのです。国語や社会はとても難しいというのが、彼らの意見でした。算数は数字があるからだいたいわかるし、理科も絵や写真があるからわかるということでした。それに対し国語は、気持ちを考えたり、自分の考えを文章にしたりしなくてはなりませんし、社会は、背景（日本で生活していると自然と身についていること）が欠如している場合も多く、難しいのです。

ここまでは、なんとなく読者の方は想像できると思いますが、実は担任として最も苦労したのは、体育や図工、音楽といった教科でした。多くの小学校では、学級担任が基本的にすべての教科を教えます。私が四年生から六年生まで三年間を受け持ったクラス（単学級）がありましたが、そこでは上述のような転入生を八人受け入れました。おそらく、一緒に勤務していた先生のなかでも断トツに多かったはずです。たまたまそういう学年だったのですが、その八人のなかで、鉄棒の「逆上がり」ができた子は一人もいませんでした。水泳の学習をしても、泳げる子はほとんどいません。それどころか、五〇メートル走を「全力で走る」というところから教えなくてはなりませんでした。話を聞くと、これらの経験がないのだと言います。

同じようなことは、図画工作で絵を描くときにも起こります。まず色づくりができません。絵に色をのせていく際にも、ペンキのように塗ってしまいます。これらも学んできていないのです。学んでいないのだから、できるはずがありません。音楽のリコーダーも同様です。これらの指導は本当に苦労しました。それが一人や二人でないということは、担任にとってかなりの負担です。でも、このクラスでは子どもたち同士で教え合うことができたので、とても助けられました。

それにひきかえ、外国にルーツのある子どもが「少数派」である現在の勤務校で感じるのは、「違いを受け入れる」ことの難しさです。ちょっとしたことで、すぐにけんかになったり、言い合いになったりします。自分との「違い」を受け入れられないからです。ですから、前任校とは異なり、多様さを受け入れる土壌それ自体をつくることが、担任の大事な仕事になっています。

グローバル化が進むなかで、これから日本の学校には多くの外国からの転入生が入ってくることが予想されます。異文化を自然と受け入れ、学び合い、育ち合う子どもたちの姿から、私たち大人が学ぶことはたくさんあるように感じています。

第 5 章

武力で平和は保てるか

鴇田　拳

1 中学生の考える戦争と平和

「今の時代の、平和な日本に生まれてよかった」「戦争が世界からなくなってほしい、世界各国はもっと仲良くするべきだ」。授業で中学生に戦争と平和について考えさせたときに、よくみられる意見である。これまで、時代や社会の変化に流されずに考え、主権者として平和で民主的な社会の形成に参画していく生徒を育てたい、という思いで中学校社会科の授業実践に当たってきた。特に平和教育については、歴史学習で戦争の実態や加害・被害の事実、戦争の悲惨さや平和の尊さを感じさせ、〝戦争を憎み、平和を願う感情〟が育つよう、力を入れてきたつもりである。

しかし、終戦から七〇年以上が経過し、国際情勢の変化や集団的自衛権の行使を認める安全保障関連法の成立など、生徒が直面する〝今〟の平和を考えさせるときに、〝戦争を憎み、平和を願う感情〟をもたせるだけでは平和教育として十分とはいえないのではないだろうか、と考えるようになった。もちろん、戦争の悲惨さや愚かさを知り、戦争を否定することは大切な姿勢である。しかし、「平和を願うだけの理想論では、平和にはならない」「戦争はこわい。平和が大切だからこそ、戦争から自分たちを守る力（軍事力）を高めるべきだ」という声は、多数派ではないものの、中学生からも聞こえてくる。こうした声に、〝戦争を憎み、平和を願う感情〟だけで反論することは難しい。また、「世界平和に貢献するためにも、自衛隊が海外で武力行使をすることも必要だ」という論調を前に、生徒はどう考えていけばよいのだろう。

このような問題意識から、生徒が〝戦争を憎み、平和を願う感情〟をもちつつ、直面する国際社会の現実を踏まえて平和主義のあり方を考えることをテーマに授業を構想した。

2 歴史学習と公民学習をつなぐには

中学校で使用される公民分野の教科書の多くは、国際連合や国際社会の情勢、世界平和を最終章ないし終盤で扱っている。そのため、公立中学校の指導計画では多くの場合、世界平和への日本の関わりは公民学習の最終単元に位置づけられる。三年次の前半に歴史学習を終えて公民学習に入り、現代社会の諸問題、憲法、人権、政治、経済を学習した後、高校受験前に行なう最終単元として世界平和について学習する、という流れが一般的である。

一方、本授業は、中学校三年生の三クラスを対象に、七月に公民学習のスタートとして実施した。四月から本授業の直前までは日清・日露戦争から現代までの歴史学習を行なっており、本授業を「歴史学習と公民学習の接続・融合」と位置づけたのである。それまでの経験から、戦争の歴史を学習したときには〝戦争を憎み、平和を願う感情〟を強くもつが、公民学習の最後に世界平和を学習したときや、集団的自衛権の行使容認や北朝鮮のミサイル問題など昨今のニュースを耳にしたときには、「平和を願うだけでは不十分であり、理想論にすぎない」と考える生徒が少なからずいる、と感じていた。そこで、これからの平和主義のあり方はどうあるべきか、という問題を歴史学習の延長線上に位置づけ、戦争の歴史と現在の国際情勢、〝戦争を憎み、平和を願う感情〟と現在の国際情勢を踏まえて考える〝現実的・合理的な判断〟をつなげて討論する授業とした。

平和教育のうち、「戦争と平和に関する問題を直接、かつ意図的・計画的に取り上げて考えさせたり、それに関連した行動をさせたりする教育」は「直接的平和教育」と呼ばれているが、その目的として、以下の三点が不可欠の要素とされている。[1]

①戦争のもつ非人間性・残虐性を知らせ、戦争への怒りと憎しみの感情を育てるとともに、平和の尊さと生命の尊厳を理解させる。
②戦争の原因を追求し、戦争を引き起こす力とその本質を科学的に認識させる。
③戦争を阻止し、平和を守り築く力とその展望を明らかにする。

本授業では、①②を目的として取り組んだ直前までの歴史学習を通して身につけた知識や感情を土台として、③の目的に迫ることをねらいとした。構成としては、現在の国際情勢を踏まえながら日本の安全保障を考える、「どうすれば日本の平和を守ることができるか」という問いと、世界の戦争廃絶を志向しながら日本の役割を考える、「どうすれば日本が世界平和に貢献できるか」という問いの二つを合わせ、「どうすれば日本の平和主義と世界平和への貢献を実現できるか」という学習課題を設定し、六時間扱いとした。メインとなる五時間目の授業では、仮定の設問として、「国連の集団安全保障[2]に自衛隊が参加し、海外で武力行使をすることを認めるべきか」を考えさせた。[3]

一時間目　日本国憲法前文と第九条を読み、戦後の人びとの願いや決意から学習課題をつかむ。
二時間目　国際連合による集団安全保障、冷戦下の安保理と拒否権、ＰＫＯについて調べる。
三時間目　自衛隊の歴史、湾岸戦争以降の自衛隊の海外派遣を調べ、自衛隊の役割を考える。
四時間目　「国連の集団安全保障に自衛隊が参加し、海外で武力行使をすることを認めるべきか」について、資料を根拠に立論する。

五時間目　グループごとに討論学習を行ない、平和主義のあり方を考える。
六時間目　ＴＶドラマ『さとうきび畑の唄』を視聴し、もう一度、平和主義のあり方を考える。

3 海外での武力行使を認めるべきか

国連の集団安全保障と自衛隊の海外派遣（一〜四時間目）

一時間目は、日本国憲法前文と第九条を読みながら歴史学習で考えた内容を振り返り、「終戦時、多くの日本人はどのような国・世界を望んだか」を考えさせた。そして、生徒の感想から「どうすれば日本の平和主義と世界平和への貢献を実現できるか」という単元の学習課題を設定した。二〜四時間目では、国際連合のしくみや課題、湾岸戦争以降の国際情勢の変化を調べながら、学習課題を追究させていった。日本の平和維持については、戦争放棄を全面的に支持しつつ、「自衛のための武力（自衛隊による個別的自衛権の行使を想定）は必要」と考える生徒がほとんどであった。世界平和への貢献に関しては、歴史学習で学んだホロコーストや昨今のテロ、シリア内戦の犠牲者を念頭に置いて、「日本だけが平和であればよいのではなく、世界から戦争やテロがなくなってほしい」「そのために、日本もできることで貢献していくべき」という意見が目立ち、支持を得た。自衛隊のＰＫＯ参加については、「戦争に参加するのではなく、治安維持や復興支援を行なうのなら賛成」という意見が多数を占めた。

また、世界平和の構築に関しては、「国連の集団安全保障を機能させることが戦争の抑止につながるのではないだろうか」と考える生徒が多かった。そして、冷戦の終結以降、安保理で拒否権が使われない可能性が高まったことに気づき、「万が一、侵略戦争が起きた場合でも、国連軍（湾岸戦争を想定し、安保理決議に基づく多国籍軍という形も含む）による武力制裁によって短期間で止められるようになる可能性が高まっているのではないだろうか」という意見が出された。

国連の集団安全保障への自衛隊の参加と海外での武力行使を認めるべきか（五時間目）

五時間目は、前時までの学習内容を受け、仮定と前置きしたうえで、「国連の集団安全保障に自衛隊が参加し、海外で武力行使をすることを認めるべきか」と発問し、小グループでの討論学習を行なった。それまでの授業を通して、多くの生徒が「日本は二度と戦争をするべきではない」「平和主義とは日本一国だけの平和を守ることではない」と考えるようになっていたため、あえて〝日本の平和〟と〝世界平和への貢献〟が相反するかもしれない状況を討論させることで本授業のねらいに迫り、平和主義のあり方を考えさせようとしたのである。なお、ここでいう〝国連の集団安全保障への自衛隊の参加〟は、湾岸戦争時の多国籍軍のような、安保理決議に基づく武力制裁に自衛隊が参加して海外で武力を行使することを想定したものである。この発問をするにあたって前時の授業において、現実には国連憲章第七章に規定されている「安保理が指揮する国連軍」が組織されたことは一度もないということを説明し、仮に将来国連軍や安保理決議に基づく多国籍軍が組織された場合でも、自衛隊を参加させることが現在国の方針として考えられているわけではなく、あくまで仮定の設問であることを強調した。

授業の冒頭には、写真[4]（終戦直後の焼き場の少年、広島の原爆ドーム）やシリア内戦の様子を伝えるドキュメンタリー番組を視聴させて、これまでの学習を振り返り、〝戦争を憎み、平和を願う感情〟

と〝昨今の国際情勢の現実〟、〝戦後七〇年以上続く日本の平和主義〟と〝世界平和のために、日本にも人的な国際貢献が求められつつある状況〟という葛藤状況を想起させた。発問の意味を把握したところで、生徒は四～六人のグループ内で肯定派と否定派に分かれ、既習事項や資料を根拠に討論を開始した。[5] グループによって多様な討論が展開されたが、多くのグループで、「国連軍への参加は日本の平和にとってプラスに働くか、マイナスに働くか」と「世界平和に貢献するために日本は自衛隊を戦場へ派遣するべきなのか、別の方法をとるべきなのか」ということが争点になっていった。そして、討論の後半は、①どうすれば日本の平和を維持できるか、②どうすれば日本が世界平和に貢献できるか、という二つが論点となった。

①「どうすれば日本の平和を維持できるか」については、主に以下のような意見が交わされた。

茂木「アメリカなどの要求に反対していたら、いつかアメリカに見放されてしまう。今、日本の平和を守っているのは日米安保（日米同盟）だから、それがゆるんでアメリカが守ってくれなくなったら、日本の平和は保たれなくなってしまうのではないか。」（肯定派）

神山「敵（戦争当事国）に〝相手（敵）〟と見られて攻められることで、戦争に巻き込まれてしまう危険性があるのではないか。」（否定派）

村田「日本が国連軍を支援していなかったら、もし日本が攻撃されたときに国連軍からの支援を受けられないのではないか。」（肯定派）

澤田「日本政府と自衛隊は、日本のことを第一に考えるべき。海外で武力行使をしたら、テロ組織に攻撃されるかもしれない。」（否定派）

小島「イラク戦争では、アルカイダから『自衛隊を撤収しなければ東京でテロを起こす』という声明を出された。（復興）援助だけでも〝敵〟と思われているのに、本当に戦争に参加すること

になったら、テロは絶対に起こされると思う。」(否定派)

②「どうすれば日本が世界平和に貢献できるか」については、主に次のような意見が出た。

坂下「平和が保たれているのは日本だけであって、世界には平和でない国がたくさんある。憲法の前文に『国際社会において名誉ある地位を占めたい』と書かれているのは、世界的に見て平和にしたい、と言っているのと変わらないはず。そのためには、国際連合の取り組みに参加するべき。憲法九条を改正して『国際連合の集団安全保障に参加する権利をもつ』と入れるべきだと思う。」(肯定派)

谷口「湾岸戦争では批判されたが、物資を送ることも助けにはなっている。武力を使うことだけが『国際社会で名誉ある地位を占める』ということではないと思う。」(否定派)

本田「相手国にわかるように日本から物資を送れば、相手国も助けてもらっていると思ってくれるのではないか。」(否定派)

肯定派の多くが、憲法前文に書かれた「国際社会において名誉ある地位を占めたい」を「日本は世界平和のために貢献したい」と解釈し、それを根拠に武力行使の肯定を主張していた。歴史の授業で憲法制定過程(松本案の却下→GHQ案→政府修正)を学習していたが、それでも日本国憲法(前文も含む)には終戦直後の日本人の願いが込められていると考えた生徒が多くいたため、これらの肯定派の主張は各グループで説得力を帯びた。

一方、それに対して、「〝戦争をしない〟ということこそが〝名誉〟だと思う」という反論をした生徒がおり、その学級では多くの生徒がその意見に共感した。そのうちの一人は、討論では肯定派の立場であったが、授業終了時には次のような意見を書いていた。

佐藤「やはり、戦争をしないことが『名誉』だと思う。憲法九条があるのが前提で、国際社会に貢献するべき。国際連合にもそれを認められた状態で、今後日本は国際社会で名誉あるべき地位を占められるように努めていくべきだと思う。」

別の学級では、集団安全保障のための武力行使そのものに疑問を呈する生徒がおり、支持を得た。

永山「戦争を止めるために戦争をする、ということは本末転倒だと思う。」（否定派）

討論を終えた後、肯定派・否定派の立場を解いて各自の意見を書かせたところ、「認めるべき」が三九人、「認めるべきでない」が五二人（授業を実施した三クラスの合計）という結果であった。討論を終えるにあたって、この問いが仮定の設問であることを再度確認するとともに、正解があるわけではなく、二つの論点を理解したうえで一人ひとりが自分の考えをもつこと、そして今後も考え続けていくことが重要であると強調した。また、一時間目からここまでの学習を踏まえ、「平和主義とは何か」と問い、各自の考えを書かせた。

もう一度、戦争の歴史を振り返る（六時間目）

本授業直前までの歴史学習で、日露戦争や第一次世界大戦、ナチスによるホロコースト、沖縄戦における集団自決、広島への原爆投下などの映像資料（映画、ドラマ、ドキュメンタリー番組）や写真資料を見せ、戦争の悲惨さや愚かさを感じさせてきていたが、五時間目の討論を終えたところで、もう一度、戦争の実態や戦争の犠牲になった人びとに目を向けさせ、歴史学習の記憶を呼び戻させたいと考えた。そこで、六時間目の授業では、沖縄戦を舞台にしたTVドラマ『さとうきび畑の唄』[6]（抜粋）を視聴させ、もう一度「平和主義とは何か」という問いに向かわせた。このドラマは、沖縄に移り住んだ壮年の主人公とその家族が凄惨な沖縄戦に巻き込まれていく物語であり、沖縄防衛隊に召集された主人公の他、少年兵となった息子の突撃、従軍看護婦の集団自決などがリアルに描かれている。フィクションではあるが、終盤には主人公が上官から傷ついた米兵を殺すように命令されて拒むシーンがあり、戦争が〝殺される〟ことだけでなく〝殺す〟ことをも強制するものである、という事実を再認識させるものである。

生徒からは、「やはり日本はもう武力を使うべきではない」「戦争は悲惨なもので、多くの犠牲者を生むものだからこそ、自分の国だけではなく、（安保理決議に基づく武力行使も含めて）世界の人のために働き、世界を平和にすることが平和主義だと思う」などの意見が出された。五時間目で「認めるべき」と判断した生徒のうち、約四割の生徒が「認めるべきでない」と判断を変えた。

4 武力に頼らない平和を考える

平和主義とは何か

本授業では、①単元開始前、②五時間目の授業後半、③六時間目の授業後半（単元終末、まとめの感想を含む）の三つの場面で、「平和主義とは何か」を問い、考えを書かせた。以下は、周囲の生徒の支持を集めた四人の意見の変容である。

〔茂木〕

①「国として、戦争の原因となりそうなものをすべてなくし、国民すべてが安全に生活することができること。」

②「日本の人々が守られるだけでなく、世界中の人々が救われること。今、シリアなどで内戦によって殺されたり難民になったりしている人たちを救うことこそが『平和主義』の本当の意味だと思う。」

③「これから日本の戦争を防ぐためにも、もう一度世界大戦が起きないために、世界平和へ貢献することが大切。今の世界の状況に合わせて、柔軟かつ正確に対応していくことで、日本と世界の平和を守っていくべき。国連軍が戦地に派遣されるような事態にならないよう、日本や各国が外交で交渉をくり返していってほしいと思う。」

〔浜野〕

①「武力による侵略をせずに、問題は話し合いで解決すること。」

②「武力を使わない平和的解決を行うこと。憲法第九条が日本の平和主義を大きく表しているように思える。」

③「武力による侵略や支配を行わずに、戦争もしないことだと考える。しかし、そうすれば国連の武力制裁に参加せず、世界から批判を買い、日本人も不満に思う。でも、武力制裁自体が平和主義に反していると思う。武力なしでは平和主義の実現が難しいことを皮肉に思う。」

〔松下〕

①「誰一人血の一滴も流させず、武力を使わずに国々で良い関係をつくっていこうとする考え。」

②「絶対に大きな戦争を起こさないように、という考えで、そのためには時には武力を使い、争いを止める、という考え。」

③「私は海外での武力行使に賛成の立場だったが、私の考えは誰かが行くだろうと他人事にしていた。やはり、命の重さをすべての人に理解してもらい、核や武力で守る平和ではなく、難しいが、すべての国が武器を捨て、平和的な話し合いで争いを解決してほしい。」

〔根本〕

①「戦争や争いを望まず、平和を求めるという考え方。」

②「非暴力・非軍事力を掲げ、戦争という過ちを繰り返さないこと。しかし、他国からすると、日本国憲法の平和主義は日本に都合の良いものに見えるし、世界が世界平和のために国連軍をつくるときには参加できないため、新たな争いの種になってしまうのかもしれない。」

③「長い時間をかけて戦争について学習してきたけれど、やはり、戦争は絶対にしてはいけないと思う。戦争の過ちを繰り返さないように、世界の一人一人が平和主義になるべきだと思う。そのために、日本は戦争を語り継ぎ、世界へ発信していけたらよいと思う。」

前述のように、単元の終末時に「世界平和への貢献として、日本の自衛隊が海外で武力行使をすることを認める」という考えをもった生徒は二割強であった。しかし、それらの生徒も〝戦争を憎み、平和を願う感情〟がなかったわけではなく、むしろその思いから日本は世界平和のために行動するべきと考えていた。そのうえで茂木のように、積極的に武力を行使するのではなく、あくまで平和的解決を目指す、という意見が目立った。

一方、七割以上の生徒は、世界平和のためであっても日本は海外で武力行使をするべきではないと考えた。そのうち、多くの生徒に共通する傾向として、〝戦争を憎み、平和を願う感情〟から武力行使を否定しつつも、日本が世界平和へ貢献していくべきと考え、その両立に悩み、葛藤する様子が見られた。浜野や松下はそれらの代表的な意見である。また根本のように、世界平和へ貢献していく役割を自覚しつつ、あくまで平和的、非軍事的な貢献をしていくことが「日本の平和主義」であると考えた生徒もいた。

これからの平和学習に向けて

本授業は、歴史学習で身につけた知識や感情と、公民学習での「戦争を阻止し、平和を守り築く力とその展望」を現実的に考える討論を結びつけることを企図していた。これからの社会で直面するであろう、「平和を願うだけの理想論ではダメだ」「戦争を回避して平和を維持するためにこそ、軍事力が必要だ」「世界の平和に積極的に貢献していくためになら、海外で武力行使をすることも許される」という論調を前に、平和で民主的な社会の担い手として、生徒一人ひとりが〝戦争を憎み、平和を願う感情〟をもちつつ、「自分なりの平和主義」を考えていけるようにすることがねらいであった。

「平和主義とは何か」の項で挙げた、根本が書いた単元のまとめの意見は、「長い時間をかけて戦争について学習してきたけれど」という文章で始まっており、歴史学習と公民学習が分断されずに「戦争と平和を考える一連の授業」として認識されていることが見てとれる。このように、〝戦争を憎み、平和を願う感情〟と、日本だけでなく、地域紛争やテロなどの問題を抱える国際社会の〝現実〟を、葛藤しながらも結びつけて考えようとする生徒が多かったことは、本授業の成果といえるだろう。

また、別の生徒は六時間目の授業を終えて、以下のような意見を述べた。

「平和主義は一つの国だけでは成り立たないものだと思う。どこか一つの国が『戦争をしません』と誓ったところで、他の国に攻めてこられたら無抵抗で殺されるだけになるから戦争はなくならない。世界中の国が欲張らず、違いを認め、もめごとは武力ではなく話し合いで解決できるようになれば、世界が一つになって協力することができれば、『平和主義』は成り立つと思う。」（深川）

この生徒は、五時間目の討論では肯定派の立場でグループをリードし、五時間目終末の意見でも、「シリアのような戦争を放っておくわけにはいかない。物資を送るだけでは世界は納得しない」という意見を書き、海外での武力行使を認める考えを主張していた。その後、六時間目の映像を見て改めて考えた意見が上記の意見である。日本だけでなく世界の平和を願う様子は変わらないが、「世界中の国が欲張らず、違いを認め」と書いていることが興味深い。平和を願うだけでは戦争はなくならない、という現実を理解したうえで、前述の茂木や松下と同様、「武力行使ではない平和的な解決」を志向し、そのために必要なことを考えた結果、戦争の背景にある経済格差や差別、非寛容に思い至ったのだろう。

本授業は公民学習のスタートとして実施したため、このような視点を大切にしながら、人権、政治、経済、国際社会の諸問題など、その後の公民学習へとつなげていき、「戦争の原因を追求し、戦争を引き起こす力とその本質を科学的に認識させる」（「直接的平和教育」の目的②）ことが、本授業の成果を次に生かす手立てになるだろう。

一方、授業を振り返って考え直さなければならないのは、六時間目の展開である。本授業では、公民学習での討論を終えた後に、歴史学習の記憶を呼び戻すために戦争のドラマを視聴させた。しかし、戦争の悲惨さや愚かさを感じさせる映像はインパクトが強く、〝戦争を憎み、平和を願う感情〟と国際情勢を踏まえた〝現実的・合理的な判断〟を結びつける意図に反して、討論した内容が頭から離れて〝戦争を憎み、平和を願う感情〟だけの意見に戻ってしまった生徒が少なからずいたと考えられる。いかにして〝戦争を憎み、平和を願う感情〟をもたせつつ国際社会の現実に向き合わせるか、歴史学習と公民学習を結びつける授業の流れはどうあるべきか、引き続き検討していくことが課題である。

［注］

（1）竹内久顕編著『平和教育を問い直す――次世代への批判的継承』法律文化社、二〇一一年、三七頁。

（2）国際連合では、国連憲章によって「加盟国による武力の行使は、自衛の場合を除いては一般に禁止され、加盟国は紛争を平和的に解決する義務を負う」ことが定められており、国際平和や安全を侵す国に対しては、安全保障理事会が、経済制裁、交通通信手段の中断や外交関係の断絶、それが不十分なときは海・空・陸軍による軍事制裁を行なう責務を負っている（明石康『国際連合――軌跡と展望』岩波書店、二〇〇六年）。本授業で扱う「国連の集団安全保障」とは、国連加盟国間で戦争を違法化し、違反国に経済制裁や武力制裁を与えることで戦争を抑止または停止させることである。

（3）本授業は二〇一七年七月に実施したが、それまでの七年間、三年生を受け持った年度（六回）は同じねらいで歴史学習と公民学習をつなげる授業を試行錯誤しながら実施してきた。メインとなる時間の発問は、二〇一三年までは「日本は今後、集団的自衛権の行使を認めるべきか」としていた。本授業と同様の発問にしたのは、安倍内閣が集団的自衛権の行使容認を閣議決定した二〇一四年からである（閣議決定は七月一日）。変更の理由は二つある。一つは、閣議決定、また後に法制化されたことにより、公立中学校の社会科授業で行使容認の是非を討論させることに、教育の政治的中立という観点から躊躇したことである。もう一つは、安全保障関連法の一つである国際平和支援法の成立によって、国連決議に基づく外国軍隊の軍事行動に対して自衛隊が後方支援を行なうことが一般法として立法化され、本授業の発問が仮定とはいえ少なからず現実味を帯びはじめたことである。このように、公立中学校の社会科授業で生徒に討論学習をさせる際、政治的中立への配慮をどうするかは無視できない課題であり、常に苦心しているところである。

（4）ＮＨＫ『ＮＨＫスペシャル　シリア――絶望の空の下で』二〇一七年三月一九日放送。

（5）立論の根拠となる資料としては、既習事項を想起させる自作資料や発問に結びつく漫画資料を用いた。資料の選定については、政治的中立へ配慮し、肯定の根拠になりうる資料と否定の根拠になりうる資料を同じ数用意することに留意した。主な資料は以下のとおりである。

▽日本国憲法前文および第九条

▽湾岸戦争後、クウェートが世界各国への謝意を発表した際、日本が含まれていなかったという記事

▽イラク戦争時にアルカイダが出した、東京でのテロをほのめかして自衛隊の撤退を要求した声明

▽集団安全保障への人的貢献の必要性を、台風で増水した川の氾濫を村人が共同で食い止めるという場面に置き換えて説明する漫画資料（弘兼憲史『加治隆介の議』第八巻、講談社、一九九四年、一八九～一九一頁）

▽ある議員が国会で、国連軍に自衛隊を参加させることの問題点を訴える漫画資料（かわぐちかいじ『沈黙の艦隊』第一一巻、講談社、一九九一年、二四〇～二四一頁）

（6）ＴＢＳ『さとうきび畑の唄』二〇〇三年九月二八日放送。

COLUMN

「並木子ども哲学」5つの約束

笹浪 美緒

民主主義は生徒会役員選挙の前で立ちすくむ

初任者だった二〇一二年一一月のこと。校務分掌の一つとして私は二年生の選挙管理委員会を担当していました。そのための打ち合わせの席で、ベテランの先輩教員は「候補者名以外の関係ないことは（投票用紙に）書かせない。生徒に民主主義はない」と発言しました。この先生は、生徒会役員選挙に立候補した生徒に対して敬意を払うことを生徒に強く求めたのだと思います。とはいえ、「生徒に民主主義はない」という言葉がためらいもなく、自然に出たことに衝撃を受けました。先輩教員の軽はずみの発言であるかもしれない。けれども、初任者であるということに甘えて反論できなかった自分が、いまも悔しいのです。そして「民主主義はみんなのもの」、こう堂々と主張できる子どもを育てたいと思っています。

先輩教員に対してちゃんと反論できなかった悔しさを抱えながら、私は第一子である娘の育児休業に入りました。その間、私は「並木子ども哲学」にかかわるようになりました。横浜市立大学と地域が共同で運営している神奈川県横浜市金沢区の並木センターシーサイド商店街にある「並木ラボ」のスペースを利用し、毎月第三土曜日一三時三〇分から開催しました。対象年齢は小学生までにしましたが、未就学児の四、五歳の子どもが中心に参加してくれました。

子ども哲学ってなんだ

子ども哲学とは、子どもを対象にした哲学対話のこと。その起源は一九二〇年代のドイツにあるとされていますが、コロンビア大学哲学科教授のマシュー・リップマン（一九二三〜二〇一〇年）がそれを大成させたといわれています。リップマンは、勤務する大学の哲学の講義を通じて学生に思考力と反省力の弱さを感じ、それを機に、子どもに対話型の哲学教育を行ない、思考力を育てる教育、つまり子ども哲学に取り組みました。のちに、その取り組みが体系化され、〝P4C（philosophy for children）〟や〝PWC（philosophy with Children）〟と呼ばれる活動が生まれました。この活動は一九七〇年代に始まり、それから四〇年ほどかけて世界に広まっていきました。そしていま日本で積極的に取り上げられています。

哲学対話の特徴は、対話に参加する子どもの年齢や実践の現場にもよりますが、以下の点で共通しています。

①与えられたテーマや素材（絵本など）をもとに、そこから自分で問いをつくり出す
②結論を出さない
③ディベートではない（意見の優劣をつけない）
④沈黙していてよい

哲学対話は、ディベートやビジネスの会議などで求められる効率化あるいは課題解決のための会議とは対極の位置にあります。哲学対話の空間では、参加者全員の思考が飛び交うこと、問いにぶつかり迷うこと、さらには対話の途中で思考が変化することが歓迎されています。つまり、哲学対話は、参加者の思考の全行程を保証しているといえます。時間的な制約はあるが、哲学対話は可能なかぎり参加者の思考に寄り添うものといえるでしょう。

私がはじめた「並木子ども哲学」では、上記の①〜④に加えて、子どもの意見形成に大人が不当な介入はしないことと、安心して思ったことを言うことのできるセーフティ空間の構築を特に意識しました。そして、「並木子ども哲学5つのやくそく」をつくり、哲学対話をはじめる前に毎回確認することにしました。

並木子ども哲学5つのやくそく

♤なにをいってもだいじょうぶ
♤なにもいわなくてもだいじょうぶ
♤おともだちがはなしているときは、きく
♤「なんで、どうして?」ときいてみよう
♤けんかはしない

「5つのやくそく」のうち「なにもいわなくてもだいじょうぶ」は、子どもの意見形成に介入しないことを念頭に置いています。「なにをいってもだいじょうぶ」「おともだちがはなしているときは、きく」「けんかはしない」という約束を大事にすることで、セーフティ空間の構築を心がけています。

何かを言いかけた子どもの発言はできるかぎり拾い、優しく聴くことをしています。それは私が教員になる前から、声が大きい生徒（スクールカースト上位の生徒の発言や思いつき）が教室空間を支配し、他の生徒が意見を出すのを遠慮する光景に私自身が違和感を覚えてきたからでもあります。

他方で、進行役の私は子どもから意見が出るまで何もしないわけではありません。並木子ども哲学では主に絵本を題材にしてきましたが、その内容を子どもたちと一緒に振り返ることで発話を促したり、「なんで、どうして?」と積極的に聞くことで発言者の意見や認識がより深まるようお手伝いしています。

子ども哲学と加藤実践のあいだ

ところで、私は学部時代の教職課程の授業で、加藤公明さんの日本史討論授業「考える日本史授業」（以下、加藤実践）に出会いました。

最初に出会ったときには、討論がお互いの非難や人格攻撃となってしまわないか、そしてそれがクラスの人間関係に影響を及ぼしてしまわないか、討論授業に対する不安が大きくありました。これについて加藤さんは、実践記録のなかで次のように述べています。

「批判は意地悪ではないよ。たしかに、最初はギャー嫌だって批判された方は思うかもしれない。でも、その批判に反論できれば、その班の説は数段グレードアップすることができる。だから、批判することはいわばジャンプ台を置いてあげることだ。クラスの友達が一生懸命考えたんだから、その説にたいして、なるべく鋭くて根本的な批判をしてあげようよ。それが友情だよ」。

討論が単なる言い負かしと言い逃れのためのディベートゲームに堕することなく、批判する側も反論する側も共に相手の発言から学べる意見交流（コミュニケーション）の機会となるた

> めには、生徒同士で相互批判を中心とした討論学習の意義が理解されていなければならない。そして、なにを言っても受け入れられるアクセプタブル（容認的）な雰囲気が必要となる。
> （加藤公明『考える日本史授業3』地歴社、二〇〇七年、一〇五～一〇六頁）

並木子ども哲学で大事にしている「なにをいってもだいじょうぶ」という雰囲気は、高校日本史の討論授業でもまた必要とされていることです。また、思いつきや説得力に欠ける歴史認識を教室で不用意にも提示した生徒は、それに同意できない生徒から「なんで、どうして?」と突っ込まれることで、更新（レベルアップ）を求められます。更新を求められた生徒は、新たな根拠となる事実を見つけだして自分の意見を補強し、歴史認識の主体として成長していきます。

幼児が実践した並木子ども哲学と高校日本史の加藤実践のあいだには、共通する点が多く見られます。そこには批判しあえるだけの安心安全な人間関係があります。そうであるからこそ、子ども一人ひとりが自由に考えることができます。討論（話し合い）のなかで子ども一人ひとりの意見（認識）は尊重され、相互批判によってその質は高められていくのです。

こう考えてみると、並木子ども哲学の五つの約束は、教育にあって自由と民主主義をあきらめないための大事な条件でもあると思うのです。

第6章

戦場に送られた民間人

四十栄 貞憲

1 国家の論理と異なる視点

本稿は、高校三年生の日本史A（二単位）で行なった日清戦争の授業実践である。近年、日清戦争の研究が進展している。たとえば原田敬一氏は、日清戦争を、一八九四年七月二三日の日本軍による朝鮮王宮（景福宮）襲撃事件から、下関条約締結後の台湾征服戦争までを含めた「複合戦争」ととらえ直し、大谷正氏は、新聞メディアや戦場からの手紙などを丹念に検証して、「日本国民」意識の高まりや、朝鮮や清国に対する蔑視感形成の経路を明らかにした(1)。

いっぽう歴史教育においては、日清戦争の単元では多くの歴史教科書が日清両国の対立を中心に叙述している。資料集などにはビゴー筆『トバエ』が掲載されており、日本と清国が魚（朝鮮を示す）を釣りあげようと競い、その様子をロシアが注視し漁夫の利を得ようとしていると解説する。この資料から、「日本と清国が朝鮮の利権をめぐって戦った」と、国家レベルの対立を読み取らせようとする授業が多いのではないだろうか。また、戦争の経過は説明しても、戦場となった朝鮮や台湾で何が起きたか、あるいは地域社会が戦争にどう関わったかなど、内実に触れ、考えさせようとした実践は少ない(2)。そのため、近代化に成功した日本が清国に勝利し、列強の仲間入りをしていく通過点として、この戦争を単純化してしまう。

こうした「国家の論理」を相対化するため、歴史学の成果に立脚しつつ、戦場の実態、社会的背景（社会構造）、戦争に直接・間接に関わった人びとの心情などを想起させたい。そうして深まった認識のうえに立って、「戦争のない状態＝消極的平和」から「貧困・格差・差別をなくす＝積極的平和」

へ、生徒たちが自分ごととして意味づけていくような学習に発展させられるとも考えている。
このようなねらいのもと、日清戦争の単元において朝鮮や台湾の戦場を中心に扱い、戦場に送られた民間人「軍夫《ぐんぷ》」を教材として授業を行なった。

2 日清戦争の戦場

朝鮮国内で何が起こったか

第一時は、まず日清戦争とはどことどこの戦争かを問いかけた。生徒から「日本と清」という応答を引き出した後、図6－1を見せた。これが日清戦争の始まりの場面であることを紹介し、ペアを組ませ「変だなぁ探し」をさせた。生徒からは「馬に乗っているエラそうな人の格好が独特で変」（大院君のこと）、「軍人でない人びとを襲っているのが変」といった意見が出てきた。このような読み取りを通して絵画に引きつけた後、「この場面はいったいどこだ」と聞いた。すると、「中国……いや違う、朝鮮だ」と気がつく生徒が出てくる。

「なぜ、清国との戦争で朝鮮が舞台になっているのか」という教師の質問に、さまざまな予想の声があがった。たとえば、「朝鮮は地理的に日本と清の間であるから、日本が清に攻め入るとき、通り道となった朝鮮が被害にあった」などという予想をする生徒も現れた。その後、「甲午農民戦争と朝鮮の近代化」をプリントした資料(3)を配り、朝鮮で重税に苦しむ農民が東学思想に共鳴し反封建闘争をくり広げたこと、日清両軍の出兵により危機感をもった東学軍が朝鮮政府と和解して軍を引き揚げたことなどを確認した。初めに見せた図6－1は、この直後に起こった事件であることを説明し、「東学軍はもう引き揚げたにもかかわらず、なぜ日本軍はこんなことをしたのか」と問いかけ、その理由を考えさせるところで、第一時を終えた。

第二時の冒頭、前時の問いについて確認した後、一八九〇年、当時の首相山県有朋による議会演説で「朝鮮＝利益線」と主張したことを資料集から読み取らせた。つまり図6－1の場面は、清を宗主国と位置づける朝鮮政府を倒し、親日政権を樹立させることを目的とした襲撃であり、これを機に清と戦争を始めたのである。

「こうして日清戦争が始まったわけだが、日清戦争ではどれくらいの人が死んだのか」と、日本人、清国人それぞれの死者数を予想させた。「しかし、日清両国のほかに多くの人びとが死んでしまった国がある。それはどこで、その死者数はどれくらいか」を答えさせた。朝鮮人死者約三～五万人という事実に、一様に驚きを隠せないようだった。

「なぜ、これほど多くの朝鮮の人びとが死んでしまったのか。その理由を年表[4]から探してみよう」と、第二次

図6－1　「朝鮮京城大鳥公使大院君ヲ護衛ス」（野田市立興風図書館所蔵）

東学農民戦争の部分に注目させた。その後、朝鮮の地図を示し、日本軍が進軍路に朝鮮政府の許可も得ず次々と軍用電信線や道路を敷いていったこと、それに対し日本の侵略意図を感じた朝鮮農民が反発を強め、抗日運動が始まったと説明した。

「こうした朝鮮東学農民の行動に対し、日本軍はどうしたのか」と問い、大本営が「悉く殺戮すべし」と述べたことや、その命を受けた戦地の日本軍が東学農民を「生捕は拷問の上、焼殺」したこと、「畑中に一列に並べ、銃に剣を着け」一斉に殺したこと、それを見物した朝鮮人が驚愕したこと、そうした殺害を「実に愉快」と表現した軍人などの記録が書かれた史料（「陣中日誌」）を読み取らせた(5)。そのうえで、日本軍最初のジェノサイドについて疑問に思ったことを書かせ、プリントを回収した。

「殺されたのは東学農民だけか」という疑問から

第三時、集めたプリントに書かれた疑問点の中から、「殺された人びとは、ほんとに全員、東学の人たちなのだろうか。史料の手紙には、どうやって東学の人だと判断したのか載っていない」という生徒の意見を紹介し、これに対する自分なりの回答を発表させた。「東学か東学じゃないかなんて、戦場で見分けがつくわけがない。戦場には、東学ではない朝鮮の人たちもいたはずだし、そういう人は巻き込まれてしまったのでは」という意見が出た。そこで次に「『見物せし韓人』とありますが、なぜ朝鮮で農民を攻撃しているのに韓人がいるのか疑問に思いました」という意見を紹介した。朝鮮の中に東学側に協力を求められ、一方で日本軍に荷物運搬や情報提供を強いられた朝鮮人民（朝鮮人軍夫）がいたという事実に注目させたかったからである(6)。そして、日本軍が朝鮮人民に捜索を強制した史料を示し(7)、「彼らは日本軍と東学農民軍のどちらにつくべきか」と問いかけた。

日本側からは「日本につかなければ自分や家族の命が危なくなる」「東学軍を見せしめにしたとい

う記述もあったので、逆らえなかったと思う」などの意見がでた。戦場での過酷なジェノサイドを体験した朝鮮人民は、もはや日本に抵抗することはできなかったのではないか、というのである。一方、東学側は「日本に味方をしても、いいように扱われるだけ」「やっぱり、日本軍に従って自分の命が助かったとしても、もう自分の国には戻れないし、自分のしたことを後で後悔すると思う。そんな思いの中で生きるくらいなら、自分の国を最後まで信じて命を全うするほうがいいと思いました」などの意見がでた。日本の味方をした場合、その後の社会的危機までを想像している。「日本軍の味方をした」ということが後世まで地域に禍根を残し、そこで生きることが困難になるという指摘である。この意見交流を通じて、生徒たちは日本軍の行為による朝鮮社会の分断を、その立場にいた人びとを通じ如実に実感したのである。

3 軍夫の死を考える

台湾征服戦争

第四時の初めの発問は、「日清戦争はいつ終結したのか」である。小中学校までの知識が残っている生徒からは、下関条約という答えが返ってくる。ある程度、講和条約の中身を教科書等で確認した後、「それは本当かな」と投げかけた。生徒は意外な顔をしているが、ここで年表を開き、下関条約後の動きに注目させた。下関条約によって清国から割譲した台湾において、台湾民主国が建国されて抗日義勇兵の闘争が起こり、これに対し日本軍による台湾征服戦争が行なわれた事実を確認する。そして、台湾住民の死者数は約一万七〇〇〇〇人あまりであったことも説明した。

再び戦場に注目させるために、「日本軍は台湾においてどのような戦争をしたのか」と、千葉県から出征した兵士の「陣中日誌」などを読んだ。[8] 台湾でも過酷な日本軍ジェノサイドの事実がある。日清戦争が、単に日本と清国との戦いではなく、朝鮮をめぐる争いであり、植民地台湾を征服する「複合戦争」であったことを確認した。

日清戦争に動員された軍夫

こうした事実をひととおり確認したうえで、図6－2を提示した。

「この絵画は日清戦争の兵站基地の様子を描いたものだが、変なところはないか」と問いかけると、生徒は戦場なのに軍服を着ておらず、大八車などで荷物を運ぶ人を指摘した。そこで、和装姿のこの人びとが、日清戦争において、戦闘ではなく物資輸送を担うために雇われた民間人「軍夫」と呼ばれる人びとであることを説明した。

そのうえで、「だけど、この軍夫たちの手紙には、それとは異なる

図6－2「風俗画報・日清戦争図絵」1984年10月28日

台湾戦地での体験が書かれている」とし、次の史料を読み合わせた[9]。

【軍夫百人長（中隊長）の父親宛て手紙】

金州とは異なり、残賊土人（抗日義勇兵の蔑称）が時々我々軍夫を襲うにはひどく言葉に詰まります。白昼はもちろん、夜間は特に一層警戒をし、安眠どころか仮眠もできません。婦女や児童までも殺戮心があって、最近は私の部下の軍夫が、去る一〇月一一日台南附近の村落で第五連隊付大行李付として進行しているとき、敵に四名が打殺され、伊藤養治郎という軍夫百人長（中隊長）も含まれていました。このたびは八十五名の内四十三名の軍夫が殺され、敵の数千五六百名ばかりでした。死んだ軍夫のなかには二十人長（小隊長）もいました。

ここから、軍夫として台湾戦地に行った人びとは、戦闘に参加しないはずであったのに、実際には戦病死者が続出したという事実を読み取っていく[10]。軍夫の戦病死者は現在わかっているだけで七〇〇〇人以上であったという。そこで、生徒たちに次の発問を記したプリントを配り、意見を書かせた。

> 本来、物資輸送の補給業務をするはずの軍夫は、日本軍による殲滅戦争の最前線に軽装で立たされ、台湾の抗日住民からは兵士と同様にみなされ、襲撃の対象になった。その結果、多くの死者・病死者がでた（その総数は七〇〇〇人を超える）。民間人が大量に死んだにもかかわらず、なぜ日本国内で反戦の声があがらなかったのだろう。あなたの考えを書きなさい。

日清戦争の最中、国内はどんな状況だったのかを考えさせるために、「軍夫の死」を取り上げ、主発問とした。[11]

4　紙上討論で軍夫が生きた時代像に迫る

次の時間からは、紙上討論形式で進めた。第五〜七時に該当するが、それぞれの時間の初めの二〇分程度を使って、代表意見に対する支持意見や疑問・批判、それに対する回答、再批判という形で展開した。なお同時に、『あゝ野麦峠』を見せながら近代産業の発展の意味や背景について考えさせている。[12]本稿では、三つの代表意見のうちの二つについて、それぞれどのようなやりとりが行なわれたかを順に紹介する。

【代表意見A】自ら軍夫に雇われに行ったから説

この頃、日本ではできる仕事が少なかったのだと思う。確かに軍夫にもかかわらず、最前線に立たされ大量に死者を出したとしても、自ら軍夫に雇われに行っているので、反戦運動はなかったのだと思う。七〇〇〇人も死んでいるのなら、後半に雇われた人びとは死ぬのもわかっていたと思う。そのことをわかってでも雇われに行くということは、それほど仕事がなかったのだと思う。

【代表意見B】天皇の権威を知らしめたから説

日本国民は、戦争で死ぬことに対して悪い感情を抱いていなかったからではないかと考える。当時の日本は天皇の存在は絶対的であり、天皇の権威が侵されることはあってはならないことである。すなわち、日本に対し反発する台湾の人びとを鎮圧することで、天皇の権威を周囲の国々に知らしめることができる。また、戦争に参加するということは自分も国を守るために戦うということであり、それは当時の日本人にとって誇らしいことだったのではないかと思う。そのため、大量の軍夫殺戮があっても反戦運動はおこらなかった。むしろ、国のために散っていったことを称賛する人もいたのではないかと思う。でなければ、こんなにたくさんの軍夫が志願し殺されるようなことはおこらなかったと思うからだ。

【代表意見A】自ら軍夫に雇われに行ったから説をめぐる討論

国内に仕事がなかったから出稼ぎに行ったとする代表意見Aに対し、「当時の日本は西洋文化が入ってきて、かなり発展途中だったと思うので、わざわざ死にに行かなくても仕事はあったのではと思う。給金は高いかもしれないが、多分軍夫になるのは男で、一家の労働力を目先の利益だけで失うようなことはしない気がする」などの批判が出された。A説の根拠になっている、「国内に仕事がなかった」という点に批判を加えており、ここを争点として他の生徒に示した。以下、これに対するA説支持者からの回答である（傍線筆者）。

「当時は戦争しつつ、外国への輸出品を製造したりという状況で、戦争と経済の両立をはかっているようなものだったと思います。製糸工場には多くの女が雇われ、生糸生産に関わっていて、『製造』という仕事は女に回されたのだと考えます。だから、男は軍夫になるしかなかったのかと。全体の仕事が少ないというよりは、男が就ける仕事が少なかったのではないでしょうか。でも、工業や農業に関わる男だってもちろんいたと思います。そんな中で仕事に就くことができない男が、最後の手段として軍夫を選んだのでは？」「『仕事はあったのではないか』という批判があったが、明治時代は、フランスなどの西洋文化である機械などが日本に入ってきて、従来の人の手でつくる必要がなくなり、人員が必要なくなったのではないかと思った。つまり、機械の導入により、必要とされなかった人が軍夫に雇われたのでは？」

生徒は、この時代の工業発展の背景にあった女性労働に注目し、機械の普及によって男性労働者がそれまでの在来の職を失ったという論理を展開している。この時期に都市雑業層が増加しており、農村からの出稼ぎも含めれば、この意見は十分実態に適合している。資本主義の発達に伴う貧困や格差拡大が、軍夫の志願者を生みだしたというのである。

【代表意見B】天皇の権威を知らしめたから説をめぐる討論

代表意見Bに対し、「当時の憲法の大日本帝国憲法には、天皇は神というような文は載っているけれど、実際はどうだったのか分からない。第二次世界大戦の時は確かに国のために死ぬことが美徳とされていたが、この頃からその考えがあった（という）のか」などの批判が出された。ここで他の生徒に示した争点は、「軍夫は国のために誇りを持って志願したのか」というものである。B説支持者から次のような回答がなされた。

「私は軍夫も戦うために行くわけではないが、国のために誇りを持っていたと思う。なぜなら、兵士と違い戦うわけではないが、戦場に行くことには変わりはないから、死への覚悟を持っていると思う。その覚悟を決める理由は、お金がないからとかその程度のものでは決心できないと思う。自分の命を犠牲にしてでも国のためにという覚悟のある人が行っていた。また、そういった考えになるような教育をし始めていたと思う。」

このように、明治憲法や教育により、天皇や国家に尽くすという価値観は芽生えていたと考えている意見が出た。これに対する再批判は次のようなものである。

「当時は、教育の基礎ができあがってきて、環境も整ってきていたけれど、憲法の内容をしっかりと把握していた人は少ないと思います。貧しくて、教育を受けられない人たちは『臣民』の意味だって分からなかったかもしれない。また、天皇を絶対的存在としていた世界大戦期は、日清戦争や日露戦争などの連勝により『日本軍は強い、そんな強い国のためなら身を捧げよう』というような信頼や誇りが生まれ、『お国のために』という心が生まれたのだと考えます。だから、まだ国民にとって天皇が『絶対的存在』という認識はあまりなく、国のために戦うことに誇りを持つこともなかったと思います。」

日本人のナショナリズムは、当時は必ずしも国民一般に確固として確立していたとはいえず、日清・日露戦争での勝利を経て段階的に形成されていったというのである。このような論理的な意見は他生徒の共感を獲得するとともに、対外戦争によって日本人意識が芽生えていったという見通しを示したのである。

5 貧困の問題と戦争をつなげて考える

本実践の最後に、各自に改めて自分の意見をまとめさせたのだが、もっとも支持が多かったA説を補強し、他の生徒からの共感を集めた生徒がどんな認識を獲得したのかを紹介する。

私はやはりA説の「自ら軍夫に雇われに行ったから」説を支持する。当時の日本は列強に学ぼうと、西洋文化を取り入れ、工業技術は格段に上がっていたと思います。それと同時に軍艦や武器等をつくる技術も必要とされ、技術者にとってまさにもうけの時代だったのでしょう。

ですが、大した技術もなく、お金もなく、土地のない人たちだっていたはずです。そのような人たちは、やはり軍夫として国に雇われに行くことをしたと思います。機械製造による人員削減、工業技術の発展により、軍夫になることを余儀なくされた人々がいたのだと考えます。デモを起こしても、鎮圧され、軍夫の仕事を奪われてしまえば、収入もなくなってしまうので反戦運動は起きなかったと思います。今回の討論はネガティブな意見と、ポジティブな意見がぶつかりあっているな、という印象でした。①「仕事がなくなった、必要とされなくなった」から軍夫になる。②「国のために、軍人としての誇りのために」軍夫になる。まったくもって正反対だな……と。①の状況で軍夫を志願した時と、②の気持ちで軍夫を志願した時とでは、モチベーションが大分違うと思います。反戦の声をあげようにも、①の人は戦争がなくなれば仕事も失ってしまうことになるし、②の人にとって「軍夫」は自分が国のために働ける「素敵な仕事」であると思うから、家族なども心配はしていたけれど、表立って「やめさせろ」とは言えなかったのかな、と感じました。

この生徒の結論は、日本の産業発展によって犠牲になった労働者階級が、自らの生存のために軍夫となっていくというものであった。産業発展・労働問題・戦争という諸要素を、国家の論理ではなく、民衆の視点でつないでいる。だから反戦運動を行なえば、軍夫自身の生存を脅かすことになると考えた。つまり、資本主義の発達による社会構造の変動と格差拡大のなかで、生活のためにむしろ戦争を求めていくという同時代の民衆の一側面を浮かび上がらせたのである。他方で、今回の討論を通じた感想のなかで、「軍夫」になることが国家への奉仕と認識した民衆が、戦争を通じてナショナリズムを体現していく可能性にも言及している。そこで実践の最後に日本史通信を発行し、この意見を紹介した。貧困格差とナショナリズムが、実は一見矛盾するものに見えても、相互に密接なつながりを有しているのではないかと問いかけて、本単元の学習を終えた[13]。

従来の日清・日露戦争の学習では、国家レベルの争いとしてとらえさせるものが多かったように思える。これに対し本実践では、日本人となった人びとが体験した戦争を、国内の人びととの心情を含めて考察することで、戦争という「直接的暴力」の背景に社会の諸問題、すなわち「構造的暴力」が関係しているという認識を深めさせた。その点では、近代史における戦争・平和学習の可能性を広げられたのではないか。

本実践の課題を二点述べる。

まず、「なぜ国内で反戦の声があがらなかったのか」という主発問の妥当性である。発問前の流れからいって唐突な場面転換であり、生徒の考えたい方向性が本当にこの問いであったのか、疑問が残った。当事者性を重視して、「生活が苦しくなるなか、高給を期待できる軍夫にあなたなら行くか」というような発問の仕方も考えられるが、そもそも軍夫にならない女性にとっては入りづらくなってしまう。学級の実態に応じて、どのような発問であれば議論がより深まるか再考したい。

もう一つは、現代世界でも貧困を背景に、民間人が戦場に赴いている事実を関連づけられなかった点である。この点については、本実践だけでなく、単元をまたいだ教育内容（前近代史を含む）を通して気づかせていく工夫が必要だろう。今後の課題としたい。

［注］

（1）大谷正・原田敬一『日清戦争の社会史』フォーラム・A、一九九四年。大谷正『兵士と軍夫の日清戦争』有志社、

二〇〇六年。原田敬一『日清・日露戦争』（岩波新書、二〇〇七年）など。
（2）たとえば辻健司「日清戦争・東学農民軍の戦いの授業から」歴史教育・社会科教育年報、二〇一四年。黒田貴子「東学農民軍の戦い――もう一つの日清戦争」『東京の歴史教育』第四五号、二〇一六年など。
（3）三橋広夫『これならわかる韓国・朝鮮の歴史』大月書店、二〇〇二年。
（4）大谷正『日清戦争』中公新書、二〇一四年、巻末年表を参照。
（5）中塚明・井上勝生・朴孟洙《パクメンス》『東学農民戦争と日本』高文研、二〇一三年を参照。注（3）のプリント教材や、第二次東学農民戦争を年表から探し、気づかせる作業、そして「陣中日誌」の読み取りなどについては、千葉県歴史教育者協議会日本史部会のメンバーで本書の編著者の一人である渡辺哲郎氏の先行実践に学んで、取り入れた。このように、私の教育実践は日頃の学習会で仲間から大いに刺激を受けている。
（6）井上勝生氏は、「日本軍が『尽力』させた朝鮮の『地方人民』による捜し出しは、どういう結果を地域にもたらすだろうか。『地方人民』は、殲滅という殺戮に参加、加担する。日本軍が去れば、捜し出した『地方人民』は、きわめて難しい立場に立つはずである。……『地方人民』の加担は、殲滅の問題とは別の面で、朝鮮社会に、消すことのできない深刻な傷を残したのである」（『明治日本の植民地支配』岩波現代全書、二〇一三年、一四六頁）と述べている。
（7）同前、一四五～一四六頁。
（8）「鈴木円治郎従軍日記」一八九五年一〇月七日の記事を一部抜粋（『千葉県の歴史　資料編　近現代1』七五八頁）。
（9）大谷正『兵士と軍夫の日清戦争』一七五～一七六頁より。ただし、原文を読みやすい形に変えて提示した。
（10）台湾征服戦争における軍夫は「台湾では、軍夫の役割は完全に輜重輸卒と同じになりつつあった」、「伝染病が蔓延し兵站輸送能力が低下するなかで、たとえ病気でも働ける軍夫はすべて動員されて苛酷な食糧運搬に当たらせられた」（大谷前掲書）など粗末に扱われた。
（11）反戦運動が本格化するのは日露戦争の時である。この問いの立て方に問題があるという指摘があるかもしれない。しかし日本軍人・軍夫合わせて二万人以上に達する戦病死者を出した日清戦争を戦場の実態まで含み考えてきた生徒たちからすれば、たとえ日清戦争と日露戦争とで戦病死者の数に差があるにしても、民間人まで大量に犠牲になった日清戦争で、なぜ反戦の声がなかったのかという疑問は生じるのではないか。

（12）授業で討論を行なうには、それなりの授業時数の確保が必要となるが、それが現実的に難しい場合もある。そのような時に筆者は、紙上討論形式をとることが多い。代表意見を読み合わせ、支持する説を決め、他説への批判・質問などを書かせる。次時に、それを載せたプリントを提示し、支持する説に出された批判に対しての回答を書かせる。展開によって再批判、再回答と次時への発展も可能である。最後は、紙上討論を踏まえて討論をしてもいいし、それができなくても最終的な自分の意見を書かせれば、生徒の認識は十分に深まる。意見を書くための時間は二〇分程度で、余った時間は授業を先に進める。進めた内容が、紙上討論での意見形成に関連づける生徒もでてくることがある。

（13）実践報告をしたクラスで討論をしている途中、軍夫の供給実態についての質問（口減らしとして農村から出稼ぎに行く男性が含まれていたかどうか）を、専修大学の大谷正氏に手紙にして送った。討論で生徒たちが「なぜだ」「本当のところはどうなんだ」と疑問に思うこと、つまり考えたいとする方向性について歴史学者に問いかけたのである。

実践後、大谷氏からの返信が送られてきた。大谷氏は、農村部の「口減らし」が軍夫に関わっている可能性について丁寧に回答してくださった。また、そうした方向で研究を深化させていく必要性も言及されている。

後日、この返信の内容を日本史通信にして生徒たちに伝えると、自分たちが考え深めてきたことが、近代の歴史を考えるにあたり意味のあることを確信し、さらに歴史学でも追究すべきテーマとなっている事実に驚いていた。

つまり生徒の討論は、ときに、歴史学の課題を喚起することにもつながる。生徒たちが、何に関心をもち、どのような点を追究すれば歴史認識の深化に資するのかといったことを、歴史教育から歴史学へ伝え、一方の歴史学はそれを受けて研究を深めていく。そのような開かれた交流が目指されるべきだろう。

第7章

なぜ空襲でも逃げちゃいけないのか

渡辺 哲郎

1 空襲時の避難を禁じた改正防空法

アジア・太平洋戦争中、法的に言えば、国民は空襲にあっても逃げずに火を消すことが義務づけられていた。一九三七年に制定、一九四一年改正の防空法がその法だ。逃げてはダメだと政府は言うけど、逃げないと死んでしまうかもしれない。勤務校のある千葉県での空襲を授業で取り上げ、そういう法律を制定する政府の下で生きる人びとについて高校生が考える授業を実践した。

子どもたちは当然のことながら、なぜ防空法のような法律をつくったのかと不思議に感じた。この不思議に思う感覚が、歴史への関心を引きつける大きな要因だと思われる。変だなぁという感覚が子どもから問いを生み出す端緒になり、その問いへの回答を考えるプロセスが思考を深めていく。その思考がクラスメイトの思考と対立したときに、その違いの理由を議論して、自分の思考を見直していく。そのような過程が歴史認識を深めていく方法だと考えている。

防空法はどのような法律か

防空法について、水島朝穂・大前治『検証防空法――空襲下で禁じられた避難』（法律文化社、二〇一四年、以下『検証防空法』）に基づいて紹介したい。

一九三七年四月五日可決成立、同年一〇月一日施行の防空法は、国民に防空義務を課した。防空法の第一条で防空について規定し、防空とは空襲時に軍人以外の者が灯火管制・消防・防毒・避難・救護などを行なうことだとする。ここに「防火」「防弾」はない。制定当初は毒ガスへの対応が想定されていたからだ。なお、灯火管制に違反した場合は三〇〇円以下の罰金・拘留または科料と決められた。

これが一九四一年一一月に改正され、灯火管制以下に防火・防弾が加わり、さらに第八条の三に以下の条文が付け加わることで、都市からの退去禁止が規定された。

主務大臣ハ防空上必要アルトキハ勅令ノ定ムル所ニ依リ一定区域内ニ居住スル者ニ対シ期間ヲ限リ其ノ区域ヨリノ退去ヲ禁止又ハ制限スルコトヲ得

さらに、同年に勅令として出された防空法施行令第七条の二によると、以下のようになる。

内務大臣ハ防空上必要アルトキハ……空襲ニ因ル危害ヲ避クル目的ヲ以テスル退去ヲ禁止又ハ制限スルコトヲ得（傍線は渡辺が付した）

続けて但し書きで、退去を禁止されない者を認めている。禁止されないのは、①国民学校初等科児童と七歳未満の者、②妊婦・産婦・褥婦、③六五歳以上・傷病者・障がい者で防空の実施に従事できない者、④上記の保護にあたる者である。

軍民共生共死の思想

ところが、一九四一年一二月七日の内務大臣通牒では「退去ハ一般ニ之ヲ行ハシメザルコト」「老幼病者ニ対シテ絶対ニ退去ヲ慫慂セザルコト」と変わっている（慫慂＝誘い勧めること）。勅令も内務大臣通牒も法律の下位にあたるのだが、法律よりも厳しい内容になっている。水島朝穂は、「ここに防空法改正の真の狙いが示されている。議員からの批判をおそれて法案上は『退去を禁止できる』という文言として成立させたが、その後は内務大臣に広範な自由裁量を与えて全面的に退去を禁止した」と論じる。(1)

退去を禁止した理由について水島は、「防空法や勅令の規定には直接かかれていない。……『一番恐いのは戦争継続意思の破綻』(佐藤賢了)とか『退去の観念を一掃せよ』(難波三十四)という軍幹部の発言に共通するのは、国民を戦争体制に縛り付け、兵士と同じように命を投げ捨てて国を守れと説く軍民共生共死の思想である。……それ(事前退去、渡辺が補足)を認めると、国家への忠誠心や戦争協力意思が破綻し、……人員や物資を戦争へ総動員する体制は維持できなくなる」としている。(2) 佐藤賢了は陸軍軍人で、国家総動員法の制定時に委員会で陸軍省の立場で法案を説明し、それに対する衆議院議員の野次に「黙れ」と叫んだことや、A級戦犯として終身刑になったことで知られる。難波三十四も陸軍軍人で、『時局防空必携』の解説書を講談社から一九四一年一一月に出版している。(3)

防空法の教材化については、伊藤和彦の実践がある。(4) 防空法については空襲の際の都市からの退去禁止について紹介したにとどまるが、逃げないで消火活動をしなさいと言われたらどうするかと生徒に問う授業である。

本授業では法の内容とともに、国会における成立過程のやりとりも紹介した。生徒は『検証防空法』の難しい文章をよく読んでいた。防空法という法律の存在を意外に感じ、興味を抱いたからではないだろうか。変だなぁと子どもに思わせる教材が必要で、防空法はそう思わせるのに十分な事実である。防空法にまつわる論点は多岐にわたるが、教材化する場合は、空襲時に逃げることを禁じた改正防空法の存在と、その成立過程での国会のやりとりを用いるのがよいと考える。水島が言うところの「軍民共生共死の思想」は、逃げてはダメだという法とともに、戦時中の日本を考えるうえで重要な論点だ。

2 防空法と千葉市空襲を知る

授業は以下のように行なった。

一時間目　千葉市空襲に関する文章を読み、疑問点を出す。防空法について知り、疑問点を出す。

二時間目　クラスメイトの疑問点に対し、教科書で事実を確認したり、自分の回答を考えたりする。

三時間目　なぜアメリカ軍が市民を狙ったのか、討論する。国民の士気はどうだったのか、意見を書く。

四時間目　クラスメイトの意見のうち、どの説明を支持するか回答する。

勤務校は千葉県内にあるが、千葉市内の者が特別に多いわけではなく、千葉県の北西部から通学する生徒が比較的多い。また、東京都内や埼玉県から通学する生徒もいる。もちろん、資料や文献の多くある東京大空襲を取り上げることも考えられる。しかし千葉市空襲の事例は、千葉県内の学校に通う生徒自身が、同じ千葉県の高校に通っていた同年代の子どものことを考えるという構図となり、共感しやすいだろうと判断し、授業で扱うことにした。

本授業は高校二年生の日本史A（二単位）で行なった。ペリー来航から学習を進めており、前近代は高校ではまだ学んでいない。クラスは三〇名で、大学進学には意欲的だが、地歴公民科を得意とする生徒は多くない。男女とも仲が良く、お互いをよく知っているようなので、討論授業では大いに助かった。発言しやすい雰囲気づくりには、生徒も教師もともにお互いの肯定的な受容が欠かせない。[5]

まずは疑問に感じるところから

最初に、教科書（山川出版社『詳説日本史』、二〇一二年文部科学省検定済）で空襲について触れている部分を生徒に読ませた。教科書には次のように記述されている。「一九四四（昭和一九）年後半以降、サイパン島の基地から飛来する米軍機による本土空襲が激化した。……一九四五（昭和二〇）年三月一〇日の東京大空襲では、約三〇〇機のB29爆撃機が下町の人口密集地を中心に約一七〇〇トンの焼夷弾を投下し、一夜にして約一〇万人が焼死した。空襲は全国の中小都市にもおよび、内務省防空総本部の発表によれば、被害は家屋の全焼が約二二一万戸、死者約二六万人、負傷者四二万人に達し、主要な生産物が破壊された。」（傍線は渡辺が付した）

「空襲は全国の中小都市にもおよび」という記述について、これには千葉市も含まれていると補足した。

一九四五年三月一〇日の東京大空襲以降、名古屋、大阪、神戸と大都市への空襲が実施された。六月一七日からは計五七の中小都市に対する空襲が始まった。[6] 千葉市への空襲は一〇回におよんだ。そのうち二回が特に甚大な被害をもたらした。一九四五年六月一〇日の蘇我および千葉市街への空襲と、七月七日の千葉市街への空襲がそれである。六月一〇日の朝の空襲では日立航空機千葉工場が主目標だったが、実際には工場からそれて、隣接する蘇我町一丁目に大量の爆弾が投下された。さらに千葉師範学校女子部（現在の千葉大学教育学部）・県立千葉高等女学校（現在の千葉県立千葉女子高等学校）も攻撃された。この二つの学校の女子生徒たちは、勉強をしていたのではなく、毎日三交代勤務で零戦の部品を作っていた。学校には日立航空機機体部の一部が移されており、いわば疎開分散学校工場というもので、アメリカ軍はその疎開分散の動きをつかんでいた。約一か月後の千葉市街への空襲は七夕空襲と呼ばれた。七月六日深夜から七日早朝にかけて民家に焼夷弾が落とされ、逃げる市民に機銃掃射も行なわれた(7)。

生徒には、伊藤章夫「九〇〇人が殺された千葉空襲」(千葉県歴史教育者協議会編『おはなし千葉の歴史』岩崎書店、二〇一二年)を配布した(8)。この文章を読んで疑問に思うことを生徒に書かせ、発表させた。「アメリカ軍はなぜ市民や子どもを狙ったのか」「早朝や深夜に八九〇四戸の家屋が焼失する空襲だったのに、九〇〇人しか死んでいないのは少ないのではないか」という疑問が出た。このうち後者の「人数が少ない」という疑問に対する回答を他の生徒三人に求めたところ、「家の中に人がいなかった」「空襲のときの対応マニュアルがあった」「仕事をしていた」と仮説を発表した。

政府は空襲に対応するために何をしたのか。政府は一九四一年に防空法を改正し、空襲時に逃げてはならないとしていた。これを紹介し、『検証防空法』の中の改正防空法についての記述を読ませ、疑問に思うところを書かせて授業は終了した。

防空法についての疑問点は、当初の想定どおり、なぜ退去を禁止にしたのかというものが多かった。退去を禁止するのはデメリットではないかと生徒は考えていた。ただ、その中身は多様だった。たとえば「空襲時に町中に人が残ってもパニックになるだけで消火などほとんどできないのでは」とか、「たくさん人が死ぬと労働力不足にもなるし、何も良いことはない」とか、当時の人びとの置かれた状況をよくイメージして考えていた。

空襲時の日本はどうだったのか

一時間目に「九〇〇人が殺された千葉空襲」を読んだ時の疑問点は、①市民を狙った理由、②死亡者数が少ない、というほかに、③日本本土の無差別爆撃が可能になったとはどういうことか、④千葉を狙った理由、⑤反戦論はなかったのか、というものがあった。

そこで二時間目はまず、③日本本土の無差別爆撃が可能になったとはどういうことかについて、教科書の記述から、東条英機内閣成立以降に御前会議で対英米開戦を決定し、マレー半島上陸と真珠湾攻撃により太平洋戦争が開戦したこと、ミッドウェー海戦での敗北のあとアメリカの対日反攻作戦が本格化して、サイパン島陥落により、アメリカのB29爆撃機が航続して東京や千葉を攻撃できるようになったことを紹介した。

続いて、②死亡者数が少ない、④千葉を狙った理由について、三橋広夫「『軍隊の町』千葉市に戦跡を見る」（千葉県歴史教育者協議会編『千葉県の戦争遺跡をあるく』国書刊行会、二〇〇四年）から、鉄道第一連隊や陸軍歩兵学校・陸軍戦車学校があったこと、日立航空機千葉工場もあり、学校も工場とされたことや、当時の千葉市の人口の三分の一が被害にあっていたことを紹介した。

⑤反戦論はなかったのかについては、教科書で、斎藤隆夫の反軍演説、大政翼賛会の設立、東条英機内閣成立、翼賛選挙の実施について事実の確認をした。通史そのものの理解というよりは、千葉市空襲をより理解するために通史を参照するという意図で教科書を確認した。当然のことながら通史の知識は大切である。教科書の記述は考える手がかりになる。ただし、子どもが考えようとしている千葉市空襲を従属的にしないことが肝要だ。

二時間目の授業の最後に、疑問点①市民を狙った理由について、次の二つを「みんなで考えたい疑問点」として生徒に提示した。

問一　なぜアメリカ軍は子どもや市民を狙ったのか。
問二　最初の空襲では工場を空襲するつもりが、それてしまって市街地に落ちたとあるが、要は失敗なはずなのに、なぜ二回目は市街地を狙ったのか。陸軍の施設が空襲の目標になったのは理解できるが、文中には市民や子どもも狙われたとある。なぜ直接戦闘に参加していない人びとを狙うのか。ここまでされて国民の士気は下がらなかったのか。

問一は、一二人の生徒がこれを挙げていたため、生徒たちの一番気になっているところだと判断し、これを手がかりに戦争について深く考えさせようと思い、みんなで考えたい疑問点として取り上げた。問二は、戦争を民衆の視点から考えるのによい疑問点だと判断し、これも全員に考えさせた。上記の疑問点に対する回答を書くように指示をして、二時間目を終えた。

3　討論　なぜアメリカ軍は市民を狙ったのか

三時間目の最初で、問一への回答で「戦意喪失させるためと教科書にある」というものがあったことを生徒たちに紹介し、教科書に「空襲は当初軍需工場の破壊を目標としたが、国民の戦意喪失をねらって都市を焼夷弾で無差別爆撃するようになった」（三六六頁）という記述があることを確認した。教科書から事実を拾いあげることも育成したい能力の一つだ。討論が空中戦にならないためにも必要だ。

続いて『検証防空法』から、防空法の制定意図についての文章を生徒に示した。制定の理由については、防空法やその施行令には記されていない。ただ、防空法改正審議において、佐藤賢了陸軍省軍務課長が衆議院の特別委員会で次のように述べている(9)。

空襲をうけた場合において実害そのものは、たいしたものではないことはたびたび申したのであるが、周囲が狼狽混乱に陥ることが一番恐ろしい。またそれが一時の混乱にあらずして、ついに戦争継続意志の破綻ということになるのが最も恐ろしい。いかなる場合においても戦争は意志と意志の争いである。たとえ領土の大半を敵にまかせても、あくまで戦争を継続する意志を挫折させなければ、このものは結局において勝つのである。

戦争の意志を挫折させないためというのは生徒にとって腑に落ちたようで、感想や意見の形成において、引用する生徒が多くいた。

防空法の制定意図をみた後、「問一　なぜアメリカ軍は子どもや市民を狙ったのか」へ深く切り込んだ回答があったと生徒たちに紹介し、次の二つの説をプリントで示した。説の名称は渡辺が付した。

①「日本・日本人への復讐」説（宮下）

日本はルールを破って真珠湾を奇襲攻撃した。そのことに対してアメリカの世論は「リメンバー・パールハーバー」という標語を掲げ、日本に対する激しい敵愾心を持っていたと教科書に書かれている。だから領地を奪うのが目的ではなくて、日本に復讐をするために行なったのではないか。そして、ただ日本の血が入っているだけの日系アメリカ人が各地の強制収容所に収容されたことから、日本人を殺すことが目的だと考えられると思う。

② 「ダメージを少なく戦争を終わらせ、日本を利用しようとした」説（吉川）

この段階では、アメリカ側から見たら日本に勝つことは明白であり、無駄な犠牲をこれ以上出さないためにも、最小限の被害で日本に戦争を続けさせないためだったのではないか。アメリカは日本に対して、本格的に攻撃して不毛の地とさせて植民地化するよりは、なるべくダメージの少ない形で戦争をできないようにさせ、アメリカ主導で復興に介入することで、日本の高い技術力を利用しようと考えていたのではないか。それにくわえて、この時からすでに冷戦構造の基になるような対立が存在し、広島・長崎に原爆を落とし、都市機能の集中するような日本の中枢に落とさなかったのも前述のような理由であり、また、東京大空襲についてはＧＨＱの占領政策を速やかに遂行したかったからではないか。

この二つの説は事実を含めながら論を構成していたので、この二説をほかの生徒たちにも読ませたいと考え、紹介した。宮下は教科書の記述に沿って論じた。宮下の論の冒頭にある「ルールを破って」という文言は教科書にはないが、おそらく既存の認識でこのように書いたと考えられる。吉川は歴史を大きなスパンで考えた。戦後のことも含みこんで記述していた。この学年では「政治経済」も履修する。授業のなかで日本の戦後政治史も学んだことで、この発想となったと思われる。

生徒にはそれぞれの説で納得したところや、よくわかったところ、それぞれの説への疑問点をプリントに書かせた。その疑問点を、この授業時間中にいくつか発言させた。宮下や吉川がそれに回答するという討論になった。

①「日本・日本人への復讐」説へは、「日本人を殺すことが目的だったのならば、もっと人が集中している都市部に原爆を落とすだろうし、その後の日本の復興に協力はしなかったのではないか」「ただ殺すことが目的だったのではなく、アメリカはチャンスととらえていたのではないか。なぜなら日本が国際法を破ったことにより、アメリカがこの後ルールを破っても日本は何も言えないはずだ」という発言が出た。前者の質問は、質問した生徒がもともと広島市で過ごしていたことや、②吉川説を用いて疑問点を述べた。この疑問に対して宮下は、「人が集中している都市部へは東京大空襲を行なっている。図説をみると、一九四五年一一月にアメリカ軍は上陸しようとしていた。だから原爆を落としてはいなくても日本人を殺すことが目的だったと考えられる」と答えた。[10]

②「ダメージを少なく戦争を終わらせ、日本を利用しようとした」説（吉川）に対しては、「都市への空爆や原爆を落とすことが最小限の被害と言えるのか。GHQの占領政策を早く進めるためだけなら、広島と長崎に原爆を落とすことはやりすぎだ。他の理由があったのではないか」と「被害を少なくしようとしたなら、なぜ広島と長崎の二回に壊滅的な被害をもたらす原爆を落としたのか。特に広島の爆発は上空でも大きな被害がわかるぐらいだった。もし日本を利用しようとしていたのなら、原爆ではなく別のやり方があったのではないか」という疑問点が出た。吉川は「日本はすぐ占領できるとアメリカは考えていた。でもアメリカの犠牲を原爆で抑えようとした。またソ連に対して牽制するために原爆を使った」と答えた。[11]

二人との応答を通して、それを聞いていたクラスメイトも戦争の意図がよりはっきり認識できただろう。

4 支持投票　国民の士気は下がらなかったのか

三時間目の最後に、二時間目の問二「国民の士気は下がらなかったのか」へのクラスメイトの回答が、「下がる様子はなかった・高く保ったまま」という「士気は下がらない」説と、「士気は下がっていた」説とで分かれていることを知らせた。「士気は下がらない」説は、マスコミや国の発表が嘘や隠蔽によって情報を知らされていなかったことを理由に挙げている。「下がっていた」説は、国家に無理やり動員させられていたり、法律を守らされていたりしていたことから論じている。さらに「日本国民は本当に空襲時に逃げてはいけないという通牒を守っていたのか。ドラマや映画では空襲時はみんな逃げている気がする」という意見があったことも併せて生徒に示した。

生徒には以下の問いを出した。

> **問**　今日の議論や今までのクラスメイトの意見から、改めて「国民の士気は下がらなかったのか」について自分で回答を考えなさい。

改めて同じ問いを出したのは、三時間目の討論を経て、自分で考えたことがこの回答の際に表現できるだろうと考えたからだ。同じ問いを考えることで、以前はこう考えていたが今はこう考えているなどといった振り返りがしやすいのも、同じ問いを出すメリットとして挙げられる。

回答は次のようなものがあった。

「士気は下がらない」説

▽ミッドウェー海戦で大敗北していることも当時の国民は知らなかったと聞いたことがあるが、もしそれが本当なら、国民は負けていることすら全くわかっていなかったのだから、士気は下がらなくて当然。

▽『はだしのゲン』でも戦争に反対しているゲンのお父さんが周囲の人になじられているように、マスコミの情報操作や世論誘導、アメリカによるあることないことの噂が広まったため、「アメリカには負けない、負けられない」といったような意識が国民に芽生え、ほとんどの国民の士気は高く、非国民と呼ばれるような士気の低い人はごく一部だった。

「士気は下がっていた」説

▽家族や友人が戦争に行く時には喜ばないといけなかったし、「戦争なんて終わればいいのに」など反戦的な発言をするだけで国に取り締まられる時代に、堂々と自分の意見を発信できなかっただけであって、実際には士気が下がっていた人も多かったのでは。ラジオなどで日本が優勢かのように伝えられていたそうだが、身の回りの鉄物がどんどん回収されていったり、学徒出陣されたり、そういう状況から日本は本当に勝つのかと不安に思った人も中にはいたのでは。

▽日本が負けそうだということを国民が知らなかったのなら、食糧不足や激しくなる空襲に対して、どんな理由で納得していたのだろう。たくさんの人が戦争に駆り出されているので、亡くなっている人が多いことは何となくわかると思う。亡くなっている人が多いのだから、日本は負けているのではないかという考えを持ちはじめる気がする。

「みんなちがってみんないい」にはさせない

日数がしばらく空いたが、アジア・太平洋戦争の授業まで行なった後に、このテーマの四時間目の授業を行なった。上記の四人の意見を読ませて、誰の説を支持するか考えて書くように指示をした。また、この授業を通して考えたことを書かせた。

「士気は下がらない」説への賛同理由として、情報がなくマスコミや政府の誘導による一種の洗脳状態だったと論じる生徒が多かった。「下がっていた」説を支持する者は、空襲による被害を理由としている。理由を論じる際に自分の意見として、「小さいころから日本は神の国だとか強い国だとか教育されてきたら日本は負けないと思うのは当然かもしれない。また私の祖母から聞いた話によると、玉音放送を聞いた時には、まさか戦争というものが終わるなんて、と驚くと同時にほっとしたそうだ。だからどちらの思いも持っていた人もいたのではないか」というように、祖父母から聞いたことを思い出して記述する生徒も複数名いた[12]。なお、それぞれの説に対する支持数は、ほぼ同数であった。

意見の妥当性を考えることは、実はとても大切だ。それを支持投票という形式で行なった。「どの説も良い」は「どの説でも良い」になってしまい、思考が停止する。科学的に考えるためには、妥当性を審議することが不可欠だと思われる。

ところで、三時間目の討論で片方の論陣を張った吉川は、誰の説を支持するというのではなく、自説を展開するなかで、「戦意云々よりも、健康がもたなくなってきたと思う。豊かになるには戦争で勝ってお金を得るしかない。それができるには、軍を信じるしかなかった。だから軍を信じつつ、戦意はそんなに上がっていない。つまるところ、国民はもう疲れていたのではないだろうか」と論じた。健康状態を指摘したのは興味深い。三時間目の代表意見では、教科書に載る事実を踏まえて論じていたが、そこからこの意見にたどり着くには、クラスメイトの意見に刺激を受けたからだと考えられる。国民の状況をよく想像し、その考察に至ったと評価したい。

5　歴史を追求すると「いまの自分」につながる

身近な地域で起こった空襲と防空法とを導入として、戦争に巻き込まれた人びとの気持ちを推し測りながら、戦時中の社会と人びとを考察する授業展開となった。総力戦という概念を伝えることは難しいことだが、この授業を通して、総力戦体制のありようについて考えさせることができたと感じる。授業を通して考えたこととして、次のように書いた生徒がいる。

戦争による被害や影響を知り、それを教訓として生きている私たちが、「昔の人々が戦争なんてしていなければよかったのに」と考えるのは当然だと思う。でも戦争の時代に生きていた人たちにとって、この考えは通用しない。なぜなら彼らは戦争で負けるとは思っていないし、まさか原爆が投下されるなんて考えていなかった。食糧不足で苦しい生活をしていても、自分だけでなく日本中がそのような状況だったら受け入れてしまうだろう。このようなことは今でも同じだ。東日本大震災は良い例だ。震災後、原発の事故により原子力発電の恐ろしさを知った私たちは、原発がなくなってほしい、原発なんてなければ良いなどと考える。しかし、震災前は、原子力発電は地球にやさしく、環境問題を抱える日本や世界にとって救世主的な発明で、人々は重宝していた。原発の問題は戦争に比べたら小規模なことかもしれないが、どちらも共通している。いま私たちが当たり前だと思っていることも何十年後には当たり前ではなくなっているかもしれない。

授業での議論をふまえて、戦時中の人びとが置かれた状況と、人びとがどんな発想だったかについて自分のオリジナルな意見を提出した。さらに、いまの自分と社会を振り返ってみたところ、東日本大震災が想起された。戦争と震災による状況とが自然と頭のなかで結びついたのだろう。本質的なところで同等なのだという認識に至ったのだと思われる。戦時中の人びとについて理解を深めていったことで、そのような認識を言語化できたと評価したい。

一つのテーマに時間をかけすぎだという指摘もあるだろう。しかし時間をかけなければ上記のような認識はなかなか出てこない。本音が子どもの言葉で表出したときに、本当に身を乗り出すような討論ができる。それには時間がかかる。教科書を網羅的に学習していては難しい。よくある「教科書を学ぶ」か「教科書で学ぶ」かという議論は、いずれも教科書を網羅的に学習することを前提としていないだろうか。それよりもむしろ、子どもが関心をもつ教材を提示し、問いと回答を積み重ねる過程で教科書を参照することが、教科書を深く学ぶことにもつながると考えている。

［注］

（1）水島朝穂・大前治『検証防空法——空襲下で禁じられた避難』（法律文化社、二〇一四年、以下『検証防空法』）五七頁。

(2)『検証防空法』六五～六六頁。

(3)『時局防空必携』は一九四一年に内務省防空局が編纂した小冊子で、大日本防空協会が発行し、全国の隣組に配布された。さらに、一九四三年に改訂版も発表した。ただし、こちらは紙不足や印刷の遅れにより国民にはなかなか行き届かなかった（岩村正史「空襲に備えよ　民間防空の変容」、玉井清編著『『写真週報』とその時代（下）――戦時日本の国防・対外意識』慶應義塾大学出版会、二〇一七年、六九頁）。ほとんどの漢字にルビが振られており、冒頭に「一、この必携は都市の家庭に必ず一冊づゝ備へる」と書かれている。

(4)伊藤和彦「『逃げるな、火を消せ！』――空襲を加害の視点から捉え直す」『歴史地理教育』八三九、二〇一五年九月号。伊藤和彦「空襲体験画で考える戦争と平和」『歴史地理教育』八六二、二〇一七年三月増刊号。

(5)拙稿「加藤実践を参観して考えたこと」（加藤公明・和田悠『新しい歴史教育のパラダイムを拓く――徹底分析！　加藤公明「考える日本史」授業』地歴社、二〇一二年）では、加藤公明の授業参観から、肯定的受容が討論授業を成功に導く要素の一つだと考えた。

(6)山辺昌彦「日本の都市空襲と軍都」、林博史・原田敬一・山本和重編『地域の中の軍隊九　軍隊と地域社会を問う　地域社会編』吉川弘文館、二〇一五年。

(7)平野昇「千葉市民を襲った『七夕空襲』――空襲をどう語りつぐか」、千葉県歴史教育者協議会編『学校が兵舎になったとき　新装版』青木書店、二〇〇四年。三浦茂一ほか三名『千葉県の百年』山川出版社、一九九〇年、二五八～二六二頁。『千葉県の歴史　通史編　近現代二』千葉県史料研究財団、二〇〇六年、一〇一七～一〇一八頁。

(8)千葉市空襲の死者数については、『千葉県警察史』第二巻をもとにした『千葉県の百年』は千葉市の死者数を九三四人としており、建設省編『戦災復興誌』によった『千葉県の歴史』は一五九五人としている。平野昇は、「今まで公式数字として記録され伝えられてきた死者数とその後の調査によって判明した数字には、かなりの違いがある。……多くの都市や町の空襲で死んだり傷ついたりした人たちの数は、依然として不正確なままである。おそらくは、永遠にわかることなく歴史の彼方に埋もれてしまうであろう」と論じる。本授業では、読みやすさを考慮して『おはなし千葉の歴史』所収の伊藤章夫「九〇〇人が殺された千葉空襲」を用いた。約九〇〇人としているところには、問題も感じる。一人ひとりの生と死を思えば、一五九五人以上と考えるほうがよいとは思うのだが、本授業では伊藤章夫の文章に依った。

（9）『検証防空法』四〇頁。なお、渡辺が『検証防空法』に載る原資料から現代仮名遣いに直し、漢字は一部ひらがなにしている。

（10）『図説日本史通覧』（帝国書院）を授業で用いた。

（11）この時、吉川はすぐには回答が出せず、考え込んだ。そこで私（渡辺）は、考えていいから後で回答が欲しいと提案した。丁々発止のやりとりだけでなく、このように考え込む場面が討論授業でも大切だ。頭の中はアクティブに動いていると思われるからだ。

（12）この、ほっとした感覚について、なぜだろうと問いかけたら、さまざまな意見が飛び交っていたことだろう。この意見を拾いたかった。

COLUMN

博物館で授業づくり

大塩　達

博物館で見つけた授業づくりのヒント

〝東京大空襲・戦災資料センター〟というところで学芸員の仕事をしていたときの話です。東京大空襲・戦災資料センターでは、学生の団体来館者が非常に多く、その案内を担当する機会が何度もありました。

展示の中で来館者の注目を集めていたのが、実物の焼夷弾です。この焼夷弾は、実際に触ることができるので、来館者は直接その感触や重さを自分の手で確かめることができます。他にもさまざまな展示品があるので、それをじっくり見学してもらい、学芸員のほうから解説を加えたり来館者の質問に答えたりすることで、空襲の実態に近づくことができますし、その実感もありました。

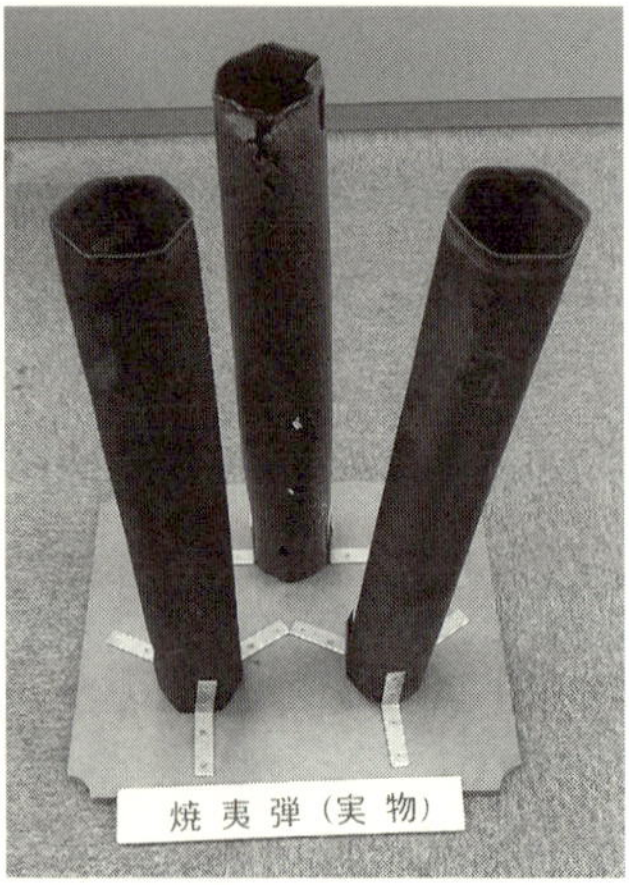

図１　焼夷弾（写真提供：東京大空襲・戦災資料センター）

同じ時期に、学芸員として勤務するかたわら、中学校や高校の非常勤講師として授業も担当していました。授業をしてみると、思ったように上手くいかないこともたくさんあります。そういうとき、センターにあるあの「焼夷弾」のようなものがあればなあ、と思うことが何度もありました。

つまり、具体的で、生徒の興味と好奇心をかき立てるようなもの。注意深く観察すると、さまざまな疑問や意見が出てくるような——しかも、そうした疑問や意見を掘り下げていくことによって、事象の本質にまでたどりつけるようなもの。それが五感で感じられるようなもの（「実物」）であれば、なおよいのだと思います。そういうものを毎回教室に持ち込んで、それを授業の中心にできればいいのに、と思うのです。

逆に言うと、社会科のさまざまな分野、さまざまな単元の中で「焼夷弾」となりうるものを発見して、それを活用することができれば、授業がぐっとわかりやすく面白いものになるのではないだろうか。東京大空襲・戦災資料センターでの勤務を経て、私はそう考えるようになりました。

その後、高校生の日本史の授業を担当しているときに、センターから焼夷弾の実物を借りて教室に持ち込むと、生徒たちから「先生、何でそんなもの持ってんの!?」という声があがりました。いつもは眠そうな顔をして授業を受けている生徒も、実物を使いながらの説明には真剣に耳を傾けてくれます。「やはり、『ホンモノ』はちがう」。確かな手ごたえを感じたのでした。

展示から学ぶ

他の授業でも、「焼夷弾」に匹敵するような教材を使えないものだろうか……。そんなことを考えながら、いろいろな博物館を回ってみると、授業のヒントになりそうな展示がたくさんあります。特に参考になるのが地域史を重点的に取り上げている資料館で、生徒の通学区域や学校のある場所についての歴史や風土を詳しく知ることもできます。それだけでなく、展示の方法そのものも、授業の参考になる場合があります。

たとえば、〝武蔵野ふるさと歴史館〟の企画展「ＴＡＲＧＥＴ №３５７〜攻撃目標となった町、武蔵野〜」（二〇一七年一〇月一四日〜一二月二七日）では、展示室の中央に一トン爆弾の実物大の模型があり、そのすぐそばに不発弾処理のため避難を促すお知らせの紙（実際の不発弾処理で使用されたもの）が展示されていました。実際に落とされた爆弾を実物大で見せ、それが「不発弾」というかたちで現代の日常生活の中に突然あらわれるという事実を提示する、という展示の仕方は、生なましいインパクトがありました。

こういうインパクトのある提示の仕方は、授業の導入でも使えるのでは……？　一トン爆弾の模型をそのまま教室に持ち込むことは無理……でも、大きな模造紙に一トン爆弾のイラストを書いてみたらどうだろう……それから、このお知らせの紙をプリントにして配布したらどうだろうか……そして、この企画展で説明されているように、なぜ武蔵野にこんな巨大な爆弾が落とされたのか、なぜ武蔵野がB29による空襲の最初のターゲットになったのか、ということを日米双方の資料を見ながら掘り下げていけば、武蔵野の地域史と太平洋戦争の歴史とをつなぐことができるのではないだろうか……いや、こういう身近な教材こそ、教師が準備するより生徒が自分たちで調べて発表するほうがいいのかもしれない……この分野では、いろんな先生がたの実践があるはずだし、教科書や資料集ではどういうふうに説明されているか、家に帰ったらあれこれ調べてみなくちゃな……などということを頭の中で考えます。そうすると、少しずつ授業のかたちらしきものが見えてくることもあるのです。

こういうことを考えているうちに、いつのまにか休日は過ぎていってしまうのですが、個人的にはこれも一つの楽しい「休日の過ごし方」なのです。授業がぐっと面白くて深いものになりそうだぞ、という見通しが立ったときのワクワク感は、他のどんな娯楽にも劣らないものなのではないでしょうか。

生徒に見学してもらう

とはいえ、教員は忙しい。いくら授業づくりのヒントがありそうだからといって、そんなにしょっちゅう博物館に行けるわけがない。面白そうだとは思いつつも、結局いつも足が向かない……。

そんな先生がたもいるかもしれません。正直に言うと、「博物館で授業づくり」なんてタイトルのコラムを書いていながら、私も思うように博物館に行けていません。

でも、自分が行けないのなら、いっそのこと生徒に直接行ってもらうという手もあります。

実際に、中学校一年生の生徒たちに対して、夏休みの宿題として「一学期の歴史の授業でやったことに関わるテーマについて、博物館や史跡に行って見学レポートを書いてきてください」という課題を出してみました。すると、面白いレポートがたくさん集まってきたのです。たとえば、〝東京都埋蔵文化財センター〟という施設を見学した生徒のレポートには、こんなことが書いてあります。

雨の日の夕方に行ったが、竪穴住居の内にはいっさい雨が入ってこなくてあたたかかった。また本当に火が住居の中にたいてあり、昔の人の生活がとてもわかりやすく体験できた。土器は本物がたくさん展示してあり、本当に発掘された物を見ることができた。

このセンターには、復元された竪穴住居があって、その中に入ることができるのです。この生徒は、実際にその中に入って、竪穴住居の中のあたたかさを感じ、暗い中でパチパチと燃えている火を見たのでしょう。今後この生徒が「縄文時代」や「竪穴住居」について考えるとき、きっとこのときの体験を思い出すのではないでしょうか。こういうレポートを読むと、施設全体をフル活用して本物や実物を展示している博物館で学べることの多さを改めて感じます。

図２　竪穴住居の中で燃える火
（写真提供：東京都埋蔵文化財センター）

レポートの中には「見て終わり」という印象を受けるものもいくつかありましたが、「博物館に行くきっかけをつくったので、今回はそれでよし」と前向きにとらえればいいでしょう。理想を言えば、見学の事前・事後学習をちゃんとやったり、学芸員の方の解説をお願いしたりするのがいいのでしょうが、現実的にはそこまで計画を練る余裕はありません。博物館が生徒たちに貴重な体験をもたらしてくれる場所だ、ということは確かなのですから、たとえ準備不足であっても、まずは生徒自身に訪れてもらう。そこには必ず、何か新しい発見があるはずです。

こんなふうに、生徒も教師も興味をひかれるような展示品や、これまで気づかなかった学びのあり方が、博物館にはたくさん転がっているのだと思います。それを活用していく方法はまだまだたくさんありそうで、このコラムで書いていることは、ほんの一部なのではないかという気がしています。こんどの休日、いちど近くの博物館に行ってみてください。授業づくりのヒントがきっと見つかるはずです。

INTERVIEW

インタビュー

地域を知ることは生徒を知ること
——二人の元教員の経験に学ぶ

インタビュアー 小笠原 強

足元の歴史から考える

今、みなさんはご自身が生活されている地域の歴史をどれくらい知っていますか?「〇〇幕府は誰々が開いた」とか「ナントカ法はいつ作られた」といったことは、歴史教科書などから容易に知ることができます。

では、自分たちが生活している地域の歴史についてはどうでしょうか? 案外その手段は少ないことに気づかされます。そのためか、自分たちの身近なところには歴史は存在せず、教科書に載るような大きな出来事のみが「歴史」であるというイメージが一般的になっているのではないでしょうか?

私たちが普段、生活している足元にもれっきとした歴史があることを、地域の歴史の掘りおこしを通して、学校教育やその生活の場において還元、実践されている方がたがいます。そのような取り組みを継続されている元教員の大竹米子さん・平形千恵子さんへの聞き取り記録を紹介します。

大竹さん・平形さんは千葉での教員時代より千葉県歴史教育者協議会(以下、千葉県歴教協。また歴史教育者協議会も歴教協）で活動するかたわら、関東大震災下に発生した千葉での朝鮮人虐殺事件の掘りおこしを行ないました。「千葉県における関東大震災と朝鮮人犠牲者追悼・調査実行委員会」（以下、実行委員会）のメンバーとして、現在も事件があった地域の人びとともに活動を続けています。(1)

お二人の活動は主に千葉県の船橋・習志野・八千代地域で行なわれ、それぞれが生活されている周辺やこれまでの赴任校周辺のフィールドワークなどを通して各地域の歴史を学び、生徒や地域の人びとに向けて情報発信しています。

今回は、お二人が関わってきた活動や地域の掘りおこし、若手教員に思うことなどを聞くことができました。(2)

生徒の生活の場への関心から

——千葉県歴教協の若手教員は、地域の掘りおこしと討論授業に魅力を感じている先生が多く、それが会の活動の活性化につながる両輪のように感じています。大竹米子さん(3)・平形千恵子さん(4)は、これまで地域の掘りおこしに尽力してきました。掘りおこしの魅力は何でしょうか。またそれを授業に活かすにはどうすればいいのでしょうか。

大竹米子（以下、大竹）　最近、地域のいくつかの住民運動の団体が関心をよせてくれて、話すことが増えています。その人たちの感想として、実行委員会の活動を広げていくことが大事ですね、という声が多いですね。掘りおこしを授業に活かすというけど、授業には段階があるから、小学校はともかく、中学生、高校生、大学生それぞれを対象とする授業のあり方は違ってくると思います。

私が出会ったショッキングな出来事、関東大震災時の朝鮮人虐殺が地域のなかであったということは、たまたまなのですよ。何を掘りおこしの調査対象としているのか、結局はその教師が持っている問題意識によるのではないでしょうか。歴史の授業は、歴史の先生がどういう構えで授業するかに関わってくるのではないでしょうか。

例えば、京成大和田駅のホームが何であんなに長いのでしょうか。背負い籠を担いだ担ぎ屋さんたちのためのホームだったからです。以前はホームに、腰かけにしては高すぎる台がありました。それは籠をのせる台だったんですね。戦後の食糧難の頃には、千葉から東京の下町に食糧を供給していました。前の晩に荷物を用意して、朝二時くらいに仕事を始める。京成電車で東京へ行って野菜や荷物を売り歩き、お昼には帰ってきて、午後には畑仕事に出る。この地域で戦後史を教える時には、そういう地域の人たちの生活や仕事の話があると、授業に活きてきますね。

――大竹さん・平形さんと習志野の実籾《みもみ》、大久保を歩いていると、ここは江戸時代の牧だったとか、日露戦争や第一次世界大戦の時の捕虜収容所が関東大震災では「陸軍習志野支・鮮人収容所」になったとか、騎兵一六聯隊の後は第二次世界大戦中、毒ガス学校になったとか、幅広い時代の話がでてきます[5]。自分の学校周辺の歴史に詳しく

大竹米子さん

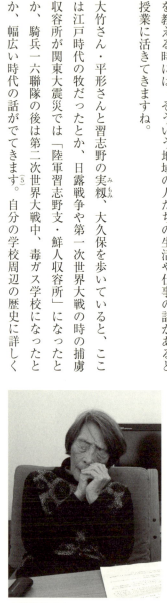

なるというのは、自分でその地域を見て回った経験を活用されてのことだと感じます。生徒の親に話を聞くとか、生徒から聞き出すということは、小・中・高・大の学校教育でも応用できる話だと思います。

大竹　自分が赴任校の学区内に住んでいなくても、結局教員として学区の中で生きています。私からすれば、生徒の親から聞く話も、魚屋のおじさんから聞いた話も、地面にあるものから、その地域に入っていくみたいな感じなんです。

平形千恵子（以下、平形）　私は勤務先が私立高校だったので、学区が広くて、埼玉県の三郷《みさと》や千葉県の柏、木更津、久留里《くるり》、千葉の奥の方や茂原《もばら》からも生徒が来ていました。生徒が通ってくる埼玉の話も茂原の話も他人事ではないんです。たまたま船橋の丸山に住んでいて、そこで聞いた話(6)は夏休みに聞いて歩ける話なんです。地域への興味は大竹さんと共通しています。

――生徒が茂原から来ていたら、茂原のことまで学ぼうとなるのですね。

平形　生徒の生活の場、地域や家族、その子の生い立ちとかを知りたいと思います。その地域に入れば、少しは理解できると思います。だから、いろいろな地域への興味があります。

大竹　一つの学区に長くいると、その生徒の家族を知ることになります。

平形　大竹さんとはいろいろ違うのだけど、どこか共通している部分もある。その生徒にすごくいいところがあるけど、どんな地域に住んでいるのか、どういう家庭で育ったのかなとか、いつも興味を持っていました。

大竹　私は習志野しか知りません。その習志野第四中学校で関東大震災の朝鮮人虐殺問題に関心をもつようになりました。その四中の生徒の環境と、その後、転任した習志野第一中学校の学区の生徒の環境は、ものすごく違うんです。そんな中で地域の掘りおこしをしながら授業するといったら、もう大変です。一中の地域には昔、常総台地の水が集まってくる大きな池がありました。近所に古い集落があって、江戸時代は船着き場で、明治以降は東京の下肥を運んでくるところでした。それに関する記録が残っていて、たまたま習志野市役所に市史編纂室ができて、そこに赴任してきた若い人が活字にしてくれたことがありました。その頃、一中の生徒は私が持っていなかったワープロを持っていたので、それを活用して、地域に関するしっかりとした記録を作りました。

――関東大震災に限らず、それぞれの学校で、それぞれの活動をされていたのですね。

大竹　習志野四中の生徒が朝鮮人虐殺について調べたことをスライド[7]にしたのだけど、そのスライドを習志野一中の図書室の脇の部屋に置いていたら、生徒たちがよく見てくれました。一中にもいろいろな生徒がいて、四中の生徒が調査で回ったところのフィールドワークには行きましたよ。私のポンコツ車に乗って。

――平形さんは生徒と歩いて回ったことはありますか？

平形　そんなにたくさんはないけど、ありますね。土曜の午後とかに船橋の飯山満《はざま》などを歩きました。千葉県歴教協のフィールドワークに誘うと、一緒に来る子もいました。自分の子どもが小さい頃は、休日に面倒も見なければならないから一緒に連れて行きました。生徒にも、こんなイベントがあるよと誘うんです。当時は、歴教協にお母さんが子どもを連れてくることもありました。子育て中の時、何か実物を子どもに見せたいと思っていたから、歴教協の地域見学は助かりました。

――歴教協のフィールドワークは、昔は参加者が多かったと思いますが、教員以外の参加者もいましたか？

平形　教員以外の保護者、市民がいました。子どもや親にフィットしたテーマの時は参加者が多いのですが、教員向けだと参加者は教師だけでしたね。

平形千恵子さん

――教員が歴教協のつながりで来るのはわかりますが、地域のお母さんたちはどういうつながりで来ていたのでしょうか？　どうして今、来にくくなっているのでしょうか？　やり方を変えれば、関心を持っている人はたくさんいると思いますが。

平形　企画によるのではないですか。どういう人を相手にするのか、もっと市民に呼びかける必要があると思います。その地域の先生たちが現地見学のテーマをいくつか設定して案内してくれる時は、必ず行っていました。私が「歴教協全国大会に行く」ということは、そういうことでした。

大竹　多分に平形さんがそういう関心を持っている人だから、行ったんじゃないかと思います。いずれにしても、地域の先生たちの案内で、何十年前、何百年前にこういうことがあった人たちのものですよと話をされて、実物に触れられたら、感動すると思います。そこから、文字や言葉だけでは表せないものを受けとることができます。

平形　そういう地域の掘りおこしを、歴教協は長年かけてやっています。そうした積み重ねを結集して、当事者や関係者が案内をしてくれます。それらの成果は、いくらかでも生徒に返したいと思うし、私が感動して話すことで、生徒にはなんとなく伝わるんじゃないでしょうか。

――生徒や学生本人は、住んでいる地元の歴史に関心がありますよね。

平形　自分が住んでいる土地の名前が出ると、生徒にとっては嬉しいわけです。その地域の歴史に興味を持つということは、今の地域に興味を持つということになります。

昔と今の違い

――そもそも、大竹さんは一九五七年に歴教協に初参加したと聞きましたが、歴教協に入るきっかけは何だったのですか？

大竹　阿部こうさん[8]に誘われました。歴教協という会があるのは知っていました。その頃に阿部さんたちと歴教協大会に参加して、その後は毎年全国大会へ行きました。

――何で大竹さんは、大会にずっと参加しようと思ったのですか？

大竹　面白かったからです。みんなが、大学の先生に「そんなこと言いますけど、現場ではね」とか言うんですよ。これは面白いやと思って、毎年行くわけです。行きはじめた当初、全国大会に集まる人は一〇〇～一五〇人くらいでした。分科会はいくつもなかったと思います。その頃、千葉県歴教協を始めようという動きがあって、例会のお知らせをいただいたりしました。教師になって一〇年目に、千葉市の葛城中から習志野に転任しました。すると、船橋歴教協が例会をやると言ってきました。そこに高橋益雄さん(9)たちがいました。

——伊香保での一六回大会（一九六四年）の時に、大竹さん、平形さん二人が同室だったと聞きました。平形さんは、その年に初参加ですか？

平形　職場の先輩に誘われて、初めて参加しました。

大竹　（千葉での一回目の）歴教協の全国大会は一九七〇年代かしらね。でも、私はまだその当時、八千代における関東大震災時の朝鮮人虐殺問題について発表していませんでした。

平形　一回目に千葉で歴教協の大会を行なったのは、一九七五年です。当時若かった千葉県歴教協の会員は、本当に授業実践を一生懸命にやっていて、いろいろ地域のこともやるし、賑やかでしたよね。

——今との違いを感じることはありますか？

平形　若い方の参加者が少ないと思います。特に小・中学校からの参加者が少ないのではないでしょうか。歴教協では、みんなが授業実践も地域の掘りおこしも両方やっているという雰囲気がありました。地域では教育懇談会もできてきたから、そっちにも顔を出して、地域との結びつきもいろいろな形でありました。

大竹　最近は教育委員会とか文部科学省とか、権力側に対する構え方が変わってきています。

――具体的に変わってきたところとは？

平形　教師に自由がないんですよ。何で自由にやらないかなと思うのですが、そうせざるをえない状況なのだろうと思っています。

大竹　歴教協の集会に、どういう過程でこのような内容のレポートが出てきたのかなど、現場の雰囲気がわからないことがあります。

――今の若手教員が授業実践する時に、こういうテーマで、こういう方法でやってみてはとアドバイスしたり、事例を挙げたりすれば、喜ぶのではないですか？

大竹　教師がどういう姿勢で世間の流れと向き合うのかで、授業のあり方が変わってくるんだろうと思いますが、どうなんでしょうか。その姿勢が定まらないと、具体的なフィールドワークや聞き取りをしても意味が半分になってしまう。

平形　最近は、新しい学校に転勤、赴任した時でも、その地域の古い人から話を聞いてみようとしませんよね。自分の住むところで、年寄りの話を聞こうとか、もっと知りたいとか、そういう目で地域に接近していけば、子どものことだけではなく、いろいろな話ができると思います。なかなか地域とのつながりができにくくなってきているのでしょうか。地域の人と一緒に学校でやっていこうということがないのかしらね。

――大竹さんが歴教協に入ったのが一九五七年。その後に六〇年安保があって、運動の機運の高まりがあったかと思います。一九六四年に平形さんが入ってきた時も、ベトナム反戦、七〇年安保で運動が盛り上がりますよね。そのような社会的背景と関係がありませんか。

平形　ベトナム戦争反対の集会にもたくさん行きました。七〇年安保でバラバラにされちゃってから、教育が攻撃対象にされていきます。盛り上がったとは言い切れないのかもしれません。

大竹　けど、大人は大人なりに一生懸命だったし、中学生も中学生なりにそうした問題に本気でした。

――その頃は経済が低成長でもまだ伸びていた時代ですが、八〇年代後半になるとバブルの時期を迎えます。その後不景気になり、「安定」を考えて教員を選ぶ人が増えるようになりました。公務員になりたいという人は多いですからね。

平形　就職先として安定しているというのはあるかもしれないけれど、当時も長いこと教師にはなりにくかったですよ。最近は団塊の世代が抜けて、少しは教師になりやすくなっているかもしれません。でも、なりたくてなったわけではない人たちが、がんばっていた時期もあります。

――「安定」を求めて教員になるという人がいる一方で、文科省の締めつけが厳しくなり、さまざまな業務が多くなっています。

平形　今、教師を非正規で雇うなんてことが増えているけど、とんでもないことだと思います。教師を人間として大事にしない、そんな人が自分たちの生徒を大事にできるわけがないでしょう。それに慣れっこになってきてしまっているのではと心配です。

――今の教員は、闘い方がわからないというのもありますよね。

平形　昨晩、前に書いたものを読み返してみたんですけれど、私が個人加盟の私学単一労働組合で行なった組合づくりの面白さを改めて感じました[10]。本当にこれはおかしいと思ったら、ちょっとだけ動くんです。自分の職場でおかしいなと思ったら、ちょっとだけ動いてみるんです。今はその元気がないのでしょうか。

地域を知ることとは

筆者が大竹さん・平形さんに初めてお会いしたのは二〇〇七年のことで、すでに一〇年ちょっとの付き合いとなります。これまでに、千葉での朝鮮人虐殺のことを中心に何度もお話を伺ってきました。今回は生徒たちと行動をともにしながら、地域の歴史を学ぼうとする教員としてのお二人の姿を確認できたような気がしました。

最初に述べたように、教科書に載っている人物や出来事が「歴史」であり、その主人公は国家や為政者であるかのごとく、歴史が日常生活を送る者にとって、遠い存在として描かれているように感じます。場合によってはそれが妥当な時もあるでしょうが、はたしてそれでよいのかと疑問を持ってしまいます。

その疑問に答えを導いてくれるものとは何でしょう。それは地域の歴史を学ぶことによって、その地域を知ることであると筆者は感じています。歴史は国家や為政者がつくりあげていくものではなく、それぞれの地域や立場において生活する人びとが織りなすものです。その地域や人それぞれにとって身近なところに歴史は存在しています。

大竹さんは、学区によって生徒の環境は異なると述べ、平形さんは、生徒が住んでいる地域を知ると、その生徒のことが少しは理解できるようになると話します。地域を知れば、その土地の歴史を知るだけではなく、そこに生活する生徒とのつながりも知ることができます。つまりは、地域を知ることは生徒を知ることであり、地域と人はつながっていることを、お二人は提示しています。

インタビュー後半で平形さんは、今の教員には「自由がない」「余裕がない」と慮りつつ、もう少し地域へ入り、そこからいろいろなことを学んでほしいと述べています。これまでの経験を踏まえたうえでの、若手教員へのアドバイスだと感じました。

［注］

（1）実行委員会の活動については、千葉県における関東大震災と朝鮮人犠牲者追悼・調査実行委員会編『いわれなく殺された人びと——関東大震災と朝鮮人』（青木書店、一九八三年）、田中正敬・専修大学関東大震災史研究会編『地域に学ぶ関東大震災 千葉県における朝鮮人虐殺その解明・追悼はいかになされたか』（日本経済評論社、二〇一二年）参照。

（2）本インタビューは二〇一七年一二月二三日に、おおわだシードで行なわれた。聞き手は小笠原強、小薗崇明による。筆者と小薗は前掲の『地域に学ぶ関東大震災』の執筆者でもあり、過去に大竹さん・平形さんから何度か聞き取り調査を行なっている。

（3）大竹米子さんは一九三〇年生まれ。一九五四年に千葉県の社会科教員となり、一九六四年から二七年間、習志野市の公立中学校の教員を務める。習志野第二中学校赴任時に、関東大震災時の千葉での朝鮮人虐殺の話を聞く。その後、赴任した習志野第四中学校の郷土史クラブの顧問となり、中学生たちが事件の証言を聞き取り、一九七七年にその成果をパンフレットにまとめている（田中正敬「千葉県における関東大震災と朝鮮人犠牲者追悼・調査実行委員会――大竹米子氏への聞き書き」『専修史学』第五三号、二〇一二年一一月、一五〇～一八六頁、参照）。

（4）平形千恵子さんは一九四一年生まれ。一九六三年に教員となり、一九六九年から三五年間、船橋市内の私立高校に勤務。一九七四年より関東大震災時の船橋市丸山について調査を始める。以降、千葉での虐殺事件について調査を継続している（鈴木孝昌「千葉県における関東大震災と朝鮮人犠牲者追悼・調査実行委員会委員平形千恵子氏へのインタビュー記録」『専修史学』第五二号、二〇一二年三月、八六～一三五頁、参照）。

（5）前掲、『地域に学ぶ関東大震災』六一～九六頁、参照。

（6）船橋市丸山では、関東大震災の時に二人の朝鮮人を自警団から守っている（前掲、『いわれなく殺された人びと――関東大震災と朝鮮人』五六～七一頁）。

（7）実行委員会は習志野四中の生徒たちの調査結果を踏まえて、一九八二年にスライド「埋もれかけた記憶を」を制作している（同前、二〇八～二一一頁。前掲、『地域に学ぶ関東大震災』二〇五～二〇八頁）。

（8）阿部こうさんは元小学校・中学校の教員で、大竹さんの先輩にあたる。自身が目撃した朝鮮人虐殺について、習志野四中の生徒たちに証言している。

（9）高橋益雄さんは元教員であり、実行委員会の初代委員長を務めた。

（10）前掲、鈴木孝昌「千葉県における関東大震災と朝鮮人犠牲者追悼・調査実行委員会委員平形千恵子氏へのインタビュー記録」一〇四～一〇五頁。

第8章

ハジチを禁じられた沖縄女性の葛藤

青木　孝太

1　針突（ハジチ）との出会いから

二〇一六年六月二日、私は岡本太郎美術館の企画展『岡本太郎が愛した沖縄』に足を運び、そこで目にした数枚の写真に心奪われた。岡本太郎は、その抽象画と彫刻が名高い前衛芸術家である。その沖縄論もよく知られているが、しかし沖縄論を書くきっかけとなった沖縄旅行中に撮った写真があることは、あまり知られていない(1)。その写真を中心としたこの企画展で私が魅了されたのは、久高島の女性の手に入った入墨＝針突《ハジチ》であった。

〝いったいこれは何だ、何のために入れていたんだ？〟こうした類の問いが頭を駆けめぐるが、しかし、展示ではこの入墨についてまったく説明がない。

後日調べてみると、針突というのは、琉球王国時代から明治期まで続いていた琉球・沖縄女性の風習のひとつだということがわかった。名前の由来については、専門の施術師や親族の年配女性に数回にわたって針を使って墨を入れていたため、針突と言われるとのことだ。とはいえ、沖縄に限定される風習ではなく、むしろ似た類のデザインの入墨が、台湾のルカイ族やアイヌの女性にも見られるため、針突は、環太平洋の諸民族・部族が共有する文化的風習の一端と言うべきである(2)。針突は、島や地域ごとにデザインも多様であるだけでなく、男女ともに羨望の眼差しで見られる美の象徴、さらにはあの世への通行手形等々、その意味も多義的だ。

しかし、日清戦争に勝利した日本は、沖縄に残る琉球の伝統的文化を「改善」し、帝国日本に同化すべく、一八九九年針突を禁止する。「改善」を要求されたのは、帝国日本に同化された台湾のエスニックマイノリティやアイヌも同様であった。

これを教材として生徒に示したら、どんな反応が返ってくるだろうか。そう考えて教材研究を始める中で、私が次に出会ったのが、不自然に手袋をした沖縄女性の写真である[3]（図8－1）。沖縄は戦前、南洋や南米への移民を多数輩出した県であったが、この女性も南米に移民しようとした。しかし、彼女は針突を入れていたため出国が認められず、そのためだろう、この写真の中でも針突を隠すために手袋をはめているのだ。この写真は、単に視覚に訴える教材であるだけでなく、「なんで手袋をしている？」という問いを生徒たちに抱かせる力がある。その問いから、帝国日本による周辺民族とその文化の「同化」の問題を考えさせることができるのではないか。そう考えた私は、針突の教材化に着手した。

私の勤務する私立高校は、二年生の修学旅行を沖縄への平和学習という形で行ない、一年間を通して、週に一度の総合科目「平和」や、週三コマの近現代史を扱う「日本史」の授業の中で、重点的に沖縄に関する学びを行なっている。そこでは、民意が一致して反対する中で「移設」が推し進められ、護岸工事が進められる辺野古の問題などを通して、現在（二〇一八年）の日本政府が沖縄に過剰な負担を一方的に押し付ける現状も学んでいる。だが、単にその事実だけを提示したところで、なかなか自分の問題としては受け止められず、それが従わないといけない不変の「現実」であるとの印象を生徒たちに残しかねないのではないか。

図8－1　手袋をはめた沖縄女性（A）

他方で、タトゥーは、東京オリンピックを数年後に控え、かつタトゥーを身に刻んだ他国の観光客や欧米南米のスポーツ選手を眼にすることも多い。にもかかわらず、欧米での文化的受容とは対照的に、どういうわけか日本では負の意味合いをタトゥーは刻印されている。その意味でも、針突というタトゥーはたいへん不可思議な現象であり、現在の高校生にとっても関心を引くトピックではないか。

しかし、針突という教材は、生徒たちの関心の高さを想定しうるだけではなく、本土の人間が、政府やそれを支持するサイレントマジョリティを通して確認できるように、今もそしてかつても、琉球・沖縄の人たちや文化に対して差別的なまなざしを向け続けてきたことも、生徒たちに理解させることができるのではないか。

私が今回針突を教材に授業をしたのは、以上のような問題意識からであるが、しかし背景には、一学期からの「日本史」の題材との関連もある。「日本史」の授業では、一学期からたびたび、衣食住や風俗、信仰などの文化の歴史的な変遷に、つまりは「文化史」に焦点を当ててきた[4]。ただし、単に文化や習俗の変化を理解することだけを主眼として、今回の針突の実践を行なったわけではない。琉球・沖縄の女性にとって針突は、自分の存在が社会的にどんな位置にあり、どんな意味を持つのか、それを示してくれる象徴であり、それなしでは自分のアイデンティティが揺らいでしまうものである。

アイデンティティの不安定さを抱えているという点でいえば、高校生もまた同様だろう。彼らは、高校での三年間のみならず、二〇代にかけて自己のアイデンティティを確立していくことになるし、その時には当然実存的な問い（自分はいったい何者なのか）を抱えるだろう。彼ら高校生にとっては、禁止されたがゆえに自分たちを象徴するものを失った沖縄女性たちの戸惑いに思わず立ち止まり、なぜなのか考えはじめる可能性が高いのではないか。針突の実践では、一学期からの「文化史」に焦点を当てた授業を継続しつつも、自己のアイデンティティの象徴となる「文化」（ここでは針突）に着目する形で、授業を展開した。

実際の授業は、日本史（三単位）で行ない、三時間で構成した。

一時間目　近代までの琉球・沖縄史の概略を理解する。

二時間目　近代になってなぜ針突が禁止され、なぜ移民先から強制送還される事例が生じたのか、考える。

三時間目　率先して針突や琉装を改めた久場ツルさんに対して、沖縄の人たちはどんな反応を示したのか、班で意見を出し合い、揺れ動く沖縄女性たちの心境を考え、最後に自分が当時の沖縄女性であればどうするか、考えをまとめる。

2　琉球処分から針突の禁止へ

最初の授業は、近世から近代に至る過程での琉球・沖縄の対外関係の変化や近代日本の境界画定について、基礎的な事柄を確認した。琉球王国は、もともとは中国（明）との冊封関係にあり、近世になって、徳川日本と中国（明・清）とに「両属」する関係にあった。そこから、幕府の「日本人」と違い、琉球の人びとは食文化の面でも肉食をしていたり、身なりの面でも琉装を身にまとい、男性はヒゲもはやしていたことなど、一学期の授業に引き続いて、文化面での相違も確認した。

二時間目の授業は、以下の取り組みから始めた。「二枚の写真を見て、気づいたことや変だなーと思ったことを、黒板に全員書きにきてください」。そのとき見せたのは、一枚は、（A）手袋をした女性の写真（図8－1）、もう一枚は、（B）手に針突をしたおばあさんの写真[5]（図8－2）だ。一〇分くらいで大方の生徒が、何か一言黒板に書き記しにきた。例えば、「指輪をしているが、している指が違う」「Aの人は手袋をしている」「Aの二人は姉妹のような関係?」「Aは七五三」等々である。一番多いのは、前の授業から入墨についてふれていたこともあるだろう、Bの女性の入墨についてだった。次いで多かったのは、「Aの人、手袋をしている?」という疑問だ。それを拾いあげながら、「A、Bともに明治生まれの沖縄の女性で、両方の写真の特徴は、その手にありますね。どうしてAの人は、手袋をしている?」と問いかけると、小川さんが、「わかった!隠してるんでしょ」と発言する。「でも、どうして隠す? 寒いからではないの?」と全体に問いかけると、「沖縄だし寒くない。見られたらヤバいからでしょ」「入墨してるからだ」などと声があがる。

答えを引き出したところで、この入墨が「針突」と呼ばれる琉球・沖縄女性の風習であったことを説明しながら、「一八九九年　針突禁止令」と板書し、「では、どうして明治政府は針突を禁止した?」と問いかける。「入墨は悪いことだからでしょ」「政府からしたら、おかしなものに見えたから」など感覚的表現が出てくるが、もう少し適切な表現を引き出すため、一学期の最初に取り上げた文明開化や、二学期の最初に学んだ朝鮮の植民地化を想起させたい。「どうして武士はチョンマゲをやめて、散髪してスーツ着ないといけなくなった? チョンマゲ姿って、近代ではどう映るの?」と問いかけると、「野蛮」「文明化しないといけないからか」などの声が出てくる。「では、朝鮮の人は日本に併合された後、どんなことを強いられた?」と聞くと、「日本語が強制された」とくる。「そういう教育

図8-2　八重山婦人（1875年生まれ）針突（B）

を何ていった?」と聞きながら、皇民化教育で、言語も習慣もみんな同じ「臣民」にならないといけなかったことを確認した。

だが、沖縄については、文明開化の流れだけでなく、帝国主義国家として日本が歩んでいく明治終わりの状況が絡んでいる。「でも、東京では明治維新後すぐに入墨その他の文化は禁止されているのに、なんで沖縄だけ一八九九年なの?」と問いかけると、これは反応が悪い。そこで「ちょうどこのころ、何があった? どこかと戦わなかったっけ?」と聞くや、ようやく「日清戦争!」の声が出てきた。「実は、琉球王国は一八七九年に沖縄県になりますが、日清戦後までは文明化が強制されていませんでした。どうしてだろう?」と聞いて、板書しながら、沖縄には清が日本に負けるまでは親清派の人たちの影響力が依然残っていた、しかし日清戦争によって沖縄県民は完全に日本への帰属を受け入れたということを確認した。

その後は、琉球の女性にとって針突はどんな意味を持っていたのか、「私のトムパジキは、他の娘たちが嫉妬するほどに美しかった」と言う島袋カメの証言などを紹介していった[6]。

そのうえで、「このように男女ともに美しいって思われていたので、禁止された後でも突き続ける人はたくさんいました。でも、その結果どんなことが起きたと思う?」と言って、フィリピンに移民しようとした針突をした女性が沖縄に強制送還されたという新聞記事を読み合わせた。さらに、「なぜ現地の沖縄県人会が針突女性を沖縄に強制送還したのか」、そして「どんな思いで沖縄に帰ったと思うか」の問いに取り組ませた。時間的な制約で、「馬鹿にされたから」「差別されたから」「琉球人と自分たちまで馬鹿にされはじめるから」など数名の意見をピックアップして終了した。

授業終了後に、クラスの後ろの方から「せんせー」と呼ぶ声があったので行くと、寺岡君が左手の甲を広げて座っていた。のぞいてみると、配った資料の針突のデザインを真似して、黒マジックで自分の左手に針突をして見ていた。生徒の関心の一端を知ることができ、授業者として嬉しい反応だった。

3　針突を抜き、琉装を改めた久場ツル

三時間目の授業では、まず前回のプリントで出された意見の共有から始めた。「強制送還された女性にとって、針突の意味はどう変化したか」。この問いを再度提起して、以下の二人を指名した。小川さんは、「美しいとされていて、みな入れたいと思っていたし、大人の女性になるには入れなくてはならないような風習もあったから入れたのに、突然禁止され、強制送還されて納得いかなかったと思う。だから入れなければよかった、消すことができるものなら消したいものへ変わった」と述べた。次に相田君は、「沖縄では当たり前だったのに他国では笑われ、刺青をしているだけでこうなるのはとてもつらいと思う。でも今までファッションや大人への通過儀礼と言われていたが、むしろ他ではダサイと知ったのですぐにやめたと思う」と述べた。

そこから、「昨日までは、禁止されても針突を入れ続けたがために、差別され強制送還された女性たちについて考えましたが、今日は、まったく逆です。針突を初めて抜き取り、琉球の服装を改めた女性が、どんな経験をしたか考えます。どうして彼女は針突を抜き取り、和装になったのだろう」と問いかけて、久場ツルに関する資料の読み合わせをした。

久場ツルは一八九七年、一六歳の時に、女性教師養成のための師範学校講習科にただ一人、県出身の女性として入学した。そのころ沖縄では、男女ともに就学率がきわめて低い状況で、一八九四年男

子は三五〜四一％、女子にいたっては六％しか修学していなかった。[7] 女子教育が遅れをとる中、沖縄の男子は女子より早く風俗の改良が進められ、ツルの入学の数年前には、カタカシラという伝統的な髪形や琉装が和装と散発姿に改められた。したがって、在学中はツルただ一人が琉装であった。沖縄における教育の目的は、本土同様の良妻賢母教育のみならず、沖縄女性の琉装や針突といった風俗改善の側面もあったのだ。

「久場ツルさんが針突を抜き取り、和装に改めたのは、この後です。教員養成の学校を出て、沖縄で小学校の教員として赴任が決まったときでした。では、急に針突を抜き取り、和装になった久場ツルさんに対して、沖縄の人はどんな反応をしただろう。四人班になって、考えられる反応を最低一つ、出せる班は二つ三つあげて、黒板に書きにきてください」と指示を出した。その際に、誕生日が早い人を班長＝発表者、班長の右隣の人を板書しにくる書記に指名した。また机間指導しながら、「沖縄の人といっても、多様です。家族なのか、友だちなのか、さまざまあるので、誰がどんな反応をしたのか、明確にしよう」と全体に助言した。

これに対して、八つの班から以下のような意見が出た。

一班	海外にいる在留の沖縄県の人は、喜んだと思う。
二班	一六歳という年頃だったので、周りの目を気にして琉球の服装をやめた。服装をやめたのも、周囲の人たちはあまりよく思ってなかった。
三班	針突をずっと入れ続ける人がいたくらいだから、あっさりしすぎて逆に嫌われたかも。
四班	沖縄ではずっと続いていたことなので、やめてしまったから批判された。
五班	いきなし変わったから生徒が驚き、憧れた。
六班	県は、琉球を裏切ったと考えた。
七班	周囲の知り合いは、なんで急に和装を着るようになったのか疑問に思ってそう。
八班	いきなし変わったから生徒が驚いた。

これに対して、あいまいなものについては、班長が読みあげたとき私から質問して、意見を明確にしていった。まず一班には、「どうして喜ぶ?」と聞くと、「前回のやつでは、針突していて馬鹿にされてたから、直したら、他県から馬鹿にされなくなるから」と返ってきた。「なんで周囲の目を気にすると、やめる? あと周囲の人たちっていうのは、誰のこと?」と聞くと、二班は「先生だから良い先生にならないといけない。良く思わなかったのは、友だちとか」と返した。三班には「嫌うのはどういう人たち?」と聞くと、「伝統を重んじる、例えば年配の人たち」と返した。四班には「誰に批判された?」と聞くと、「タトゥーしている人」と返ってきた。八班には「驚いただけ? そのときどう思った?」と聞くと、「やめたかった人は、これでやめれると思った」と返ってきた。

「こう見てみると、一班では、県の人は喜んだとあるけど、六班では、県は裏切ったと、いわば非難したとあって、まったく逆の意見が出ているけれど、どっちだろうか? 実は久場ツルさんに対して、記録として残っているのは、近所の人と県の対応だけです」と言って、まず近所の人たちの「久場のツルが大和人になった、あいつはもうやがて髪を切って、今度はオランダ人になるさ」という反応を確認し、「三班・四班・六班の想像どおりでしたね」と声をかけた。[8]次いで、一八九九年に久場ツルが奈良原県知事からこの件で表彰され、さらには一八九八年の『琉球教育』という教育雑誌でも称賛されたことを、資料から確認した。[9]

最後に、「前の授業では禁止されても針突を突き続けた女性たちについて学びましたが、今回は反対に、自分からすすんで針突を抜き取り、身なりも和装に変えた女性について、周囲の反応を含め考えてみました。もしあなたが当時の沖縄にいたら、針突を入れ続けますか？　それとも、久場ツルさんのように抜き取る、もしくは初めから突かない？　考えを書こう」と指示を出し、これまでのまとめを書かせた。

机間指導しながら、最後に何名かに考えを発表させた。まず大島さんを指名すると、「初めは針突に憧れて突いたと思うけど、のちに〝やばんな人がやるものだ〟という考えを刷り込まれて、県から非難されるのも嫌だから、針突を抜き取って、新しい自分になる」と発言した。

その後で、あまり班活動も活発ではなく、あいまいな回答を出していた八班の石峰君に意見を聞いた。私が石峰君に振ったのは、彼自身〝おしゃれ〟かつ〝やんちゃ〟で、本校の身だしなみ指導をよく受ける生徒で、他方でそのぶんタトゥー文化への親和性が高いと判断してのことだった。石峰君は、問いに対して、「すぐ抜く」と答えたので、「なんですぐ抜くの?」と聞くと、「ダサイから」と答えた。「じゃあ、もし自分の気に入ったデザインだったら、どうする?」と返すと、「ワンチャンいれる」（一回のチャンスに賭ける、の意味）と言って、周囲の笑いを誘った。

4 沖縄女性の葛藤の追体験へ

「もし自分だったら」というのは、普段はあまり歴史の授業では用いない発問であった。ただ今回の授業では、冒頭の第1節で記したように、アイデンティティが揺らぐ事例を通して、自分に引きつけて（実存的に）考えさせたいと思い、こういう問いかけを選んだ。

針突禁止令以降、二時間目の授業で扱ったように、依然として針突という自分たちの文化的風習に固執し続けた女性たちもいたわけだが、資料としては、大正時代以降生まれの女性たちの針突は確認できない。禁止令が出されてから十数年たった大正以降生まれの女性たちは、久場ツルら女性教員による率先した風俗改善の成果もあり、針突をしないことが普通になっていたということだろう。しかし、明治から大正の間、いわば皇民化教育が積極的に進められていき、琉球以来の文化的慣行が「改善」されて日本化していくその狭間の時期においては、たいていの沖縄女性たちは、実際にどうするか葛藤を経験したに違いない。琉球王国以来の上の世代の女性たちが体現する、身体に刻まれた象徴に自分を一体化する（A）のか、それとも琉球文化の象徴を捨て、教育を受けることで言語的にも文化的にも新たな女性になり、そうして天皇を頂点とする民へとなっていく（B）のか。そうした迷いや葛藤に、生徒たちはどこまで迫ることができただろうか。

授業後に出されたプリントでの反応を見ると、全体として、「入れ続ける」という意見は少なかった。それは、ひとつには石峰君の意見にあるように、現在の高校生から見て、デザイン的には美的に優れて写らなかったからというのが大きい。だから、小川さんは「仮に自分が針突に対して美しさなどを感じていたなら、入れ続けたと思う。でも風習として入れていたとすれば、すぐに消していたと思う」という慎重な意見を書き記していた。

　他方で、好意的に解釈すれば、抜き取りをせず風俗改善をしなかったときに待ち受けている沖縄女性の運命を、前の時間の事例から生徒たちがきちんと認識していた証でもあるだろう。田中君が書いた「自分が沖縄にいた場合は、針突は抜き取ると思う。理由は、政府に反すると今になってわかるように、強制送還されてしまうので。でも自分が最初に抜くことはツルさんのようにはできなかったと思うが、一人が抜いていたなら、それに続いて抜いたと思う。昔の民族の文化はこうして失われていったんだなと感じた」という意見がその典型で、こういった意見が一番多かった。この意見は、皇民化教育がもたらした琉球・沖縄文化への影響をきちんと理解しており、その点では評価されるべきである。

　次に興味深かったのは、大島さんが言った「新しい自分になる」と同じ意見を書いた女子生徒が、彼女以外にも二人いたことだ。大島さんの意見のクラスへの反響を示しているが、そうして共有された「新しい」という表現には、たぶん沖縄女性が経験したと思しき、近代的な女性になることへの魅惑が垣間見られる。ただし、大島さん自身は他の二人とは違い、「初めは針突に憧れて」と書いており、針突を入れ続けた人と、久場ツルのような人の両方に足場を持った意見を出している点で、評価できる。しかし彼女の意見とて、葛藤まで読み込めるほどのものではない。

　ただ、二時間目の授業後に出されたプリントには、例えば手越さんは「ただ美しいと思ったから入れただけ、大人の女性になるために入れただけ、自分たちは琉球の伝統をしているだけ、守りたいだけなのに、こんなことをされて自分たちのほこりや思いを踏みにじられた気分。針突をすることは、恥じるべきことなのか、自信がなくなっていたと思う」と書いている。Ａの女性たち（針突を通して過去の世代の女性たちと自分を一体化する女性たち）への共感的理解をベースとした葛藤がそこにはある。

ほかにも、「ずっと美しい、あこがれだったことを笑われてきっと悲しいだけでなく恥ずかしさや悔しさもあったのでは？　消せるものなら、と思ったかも（もしくは、いっそ切り落として死にたい……）。今ならできるが昔はそうはいかないであろう。歌にもあるようにあの世まで一緒、高いお金まで払ってしまった」と藤元さんは書いていた。彼女の意見もまた、琉球女性にとっての美的価値を記しつつも、「恥ずかしさ」という本土からの差別の眼差しにさらされたときの感情を表現できている。

こうしてみると、「もし……だったら」という問いで、Aの立場にまで振り返らせ、その葛藤に迫るのは難しかったということだろう。であれば、まとめ課題としての発問ではなく、むしろ三時間目には久場ツルの経験をより深める発問をしてもよかったかもしれない。例えば、「周囲から非難されて、久場ツルさんはどう感じただろう」という発問であれば、教員としてまっすぐに近代的女性になろうとしたのではなく、久場ツル自身もまた葛藤していた可能性を、生徒たちは思考することができたのではないか。[10]

したがって今回の実践の課題は、まとめ課題の再考と、葛藤に迫るための発問の深化だと言えるだろう。

5 植民地主義を再考するための針突

実をいえば私自身、もともと身体になんらかの象徴的なものを刻みたいという衝動があったし、それは現在も変わらない。実際、私は、教職や研究職にありつけなければ、刺青を入れて肉体労働に勤しもうと、一〇代の終わりころから思い続けていた。

久場ツルらの時代から一世紀以上経過した現在の日本でも、入墨はヤクザや暴力団のような反社会的勢力の象徴とされている。その根本には、そもそも近代国家というのが、人びとを身分やそれと結びついた因習から解放し、内実共に比較的同質な教育を与えることで、彼らを国民とすることを基盤とするからだろう。学校における制服《ユニフォーム》や頭髪の統制、教科書の認定などは、そうした国民統合の一手段なのは言うまでもない。

しかし、自分が望む衣服に身を包み、自分の好きな髪形で、自分の好きなように顔のみならず身体に装飾を施して、自己表現をすることは、人間の自由の領分ではないか。身体に傷を入れ、そこに色素を入れて、これまでとは違った身体を手にし、その模様でなにがしかを表現することは、人間が有する身体活用の積極的な自由権ではないのか[11]。

確かに後期近代の日本では、例えばダンスのような、もともと自分の身体を自分なりに自由にコントロールする修練が、国により必修化される状況のもとで、一面ではそうした身体活用や表現の自由への評価が進んでいるともとれる[12]。

しかし、それでも問いは残る。身体活用やその表現への評価が進んでいるならば、なぜ日本では入墨についての受容が、欧米諸国とは違って進んでいないのか。欧米諸国は、日本同様、近代民主主義に基づく国民国家であり、もともと入墨／タトゥーといった身体装飾／毀損の文化がないことも共通している。おそらく、その違いは、欧米諸国が自らの植民地主義への反省をし、先住民族のタトゥーの文化を再評価してきたことにあるだろう。裏返せば、入墨への非寛容な日本社会は、沖縄や台湾、朝鮮半島その他の地域で行なった自分たちの植民地主義をきちんと見つめ直していないのだ。針突の授業がその陥穽を穿つ教育実践になるとすれば本望であるし、そのために今後は教材と発問の深化／精選に努めていきたい。

［注］

（1）岡本太郎『沖縄文化論――忘れられた日本』中央公論社、一九九六年。展示および針突のクローズアップ写真については、岡本太郎撮影・平野暁臣編『岡本太郎の沖縄』小学館、二〇一六年。

（2）高山純『縄文人の入墨』講談社、一九六九年。

（3）比嘉道子「美から蛮風へ　針突からの解放と近代沖縄の女たち」、奥田曉子編『女と男の時空Ⅴ　鬩ぎ合う女と男　近代』藤原書店、一九九五年。一九二五年頃に撮影された写真。

（4）その際に、参照し、「追試」してきたのは、例えば、楪澤和夫氏の「日本史討論！　江戸時代の民衆は朝鮮をどう見ていたか」（『歴史地理教育』二〇〇五年八月号、歴史教育者協議会）の実践や、前田徳弘氏の「チョンマゲを切った日本人」（千葉県歴史教育者協議会日本史部会編『絵画資料を読む　日本史の授業』国土社、一九九三年）である。

（5）比嘉道子「美から蛮風へ　針突からの解放と近代沖縄の女たち」前掲書。

（6）斎藤卓志『入墨墨譜　なぜ刺青と生きるか』春風社、二〇〇五年、一七二頁。

（7）那覇市総務部女性室那覇女性史編集委員会編『なは・女のあしあと　那覇女性史（近代編）』ドメス出版、一九九八年、二七五頁。

（8）外間米子「久場ツル　琉装から和装へ」、外間米子監修・琉球新報社編『近代沖縄女性史　時代を彩った女たち』ニライ社、一九九六年。

（9）知事からの表彰状および「琉球教育」の資料は、以下を参照。山本芳美『イレズミの世界』河出書房、二〇〇五年。

（10）日本が植民地化していった東南アジアには、その人びとを「皇民化」すべく、本国（日本）出身の教師が派遣されていったわけだが、その点でいえば、久場ツルは、そうした「帝国」日本の教員となった沖縄初の女性であるともいえる。とすれば、台湾で、本国の日本人がどんな教育を台湾の人たち（そこには冒頭で触れた台湾のエスニックマイノリティを含む）に行なっていたか、そうした観点から教材を深めることもできよう。

（11）国家の干渉から自由になる消極的な自由に対して、別の身体への、積極的な自由。

（12）千葉雅也「『享楽』を守るために『法』のクリエイティブな誤読を」、磯部涼編『踊ってはいけない国、日本　風営法問題と過剰規制される社会』河出書房新社、二〇一二年。

第 9 章

自殺は自己責任なのか

松井　延安

1　ある高校生のつぶやきから

紹介する授業実践をおこなっていた高校は、全日制の普通科で、三年生全員が公民科の科目「現代社会」を学ぶことになっている。

「現代社会」で学ぶ内容のなかに、「経済成長と国民所得」というテーマがある。国民所得という概念は高校生にとってても理解しづらいところがあるようだ。そこで、授業では、国民所得を「豊かさ」を測る一つの〝ものさし〟としてとらえようとした。すると、他にも「豊かさ」を測る〝ものさし〟として位置づけられるデータをいくつも挙げることができる。他のデータと国民所得を比較させることで、国民所得という概念の有効性と問題性の両面を生徒に考えさせることができる。

授業では、日本の自殺者数や、世界各国の自殺率と殺人率のデータなどを生徒に紹介した。すると、浅香という生徒が「なんで国が自殺する奴なんて守んなきゃいけねぇんだよ〜!!　勝手に死んどきゃいいじゃん！」と、ひとり大声でつぶやいているのが聞こえてきた。

わりと活発に生徒が自由に発言するクラスである。今回のこの浅香の発言に対して、他の生徒から格段の反応があったというわけではなかった。ただ、授業者である自分は、この発言が耳に届いたとき、内心かなりギョッとした。

ここでは浅香に「どういうことかな?」と発問することはなく、そのまま流してしまった。ここで授業の焦点にしても、授業の展開の中にうまく位置づけることができないだろうと、とっさに判断したからだ。しかし、自殺という問題は必ず授業のどこかでとりあげないといけないなと強く決意するに至った。

2 自殺をする人間は心が弱いのか

同じ「現代社会」の授業で「社会保障と社会福祉」というテーマを扱う。どの教科書を見ても、基本的には日本の社会保障制度の四本柱（「社会保険」・「公的扶助」・「社会福祉」・「公衆衛生」）について、大まかな説明がなされている。社会保障制度の仕組みと課題を知ることは、大人としての自立が目前に迫った高校三年生にとって、社会生活に直接役立つという点でも必要なことである。

しかし、ふと考え直してみると、社会保障という言葉がカバーする範囲はもっと広いはずだ。国民年金や介護保険の他にも、例えば公立高校授業料無償化や政府による自殺予防の取り組みなども社会保障の一環をなしている。幅広く社会保障をとらえなければ、既存の社会保障制度の問題も見えてこないと、かねてから感じていた。そこで、この「社会保障と社会福祉」の単元で自殺の問題を生徒といっしょに考えてみることにした。

日本の自殺率の高さは、経済先進国のなかでも最悪のレベルであると言われている。他国と比較しても、異常事態と言っても言いすぎではない。自殺対策基本法も施行され、実効性はともかく、政府も積極的な施策の姿勢を見せている。

浅香がどこまで自分の思いを正直に打ち明けたつもりだったのかはわからない。多くの高校生にみられる、社会的に不謹慎とされるようなことをあえて態度にしてみたり、口に出して言ってみたというこことなのかもしれない。ただ、高校生の素朴な思いとして、「自殺をする人間は心が弱いんだ」と考えたりすることもあるだろう。

そこで、以下の課題を、まずはクラスの生徒全員に書いてもらうことにした。

［課題一］　現代日本の自殺死亡率は男女ともに主要国の中でも高い水準にある。そのため、政府も二〇〇六年に自殺対策基本法を定めるなどの取り組みを始めている。

他方で、自殺という行為に対して、「自殺は個人の問題」「逃げたんじゃないか」「死ぬ気になれば、なんとかなったのではないか」「弱い人間」「身勝手な死」という認識も根強くある。

このような自殺を個人の自己責任とする議論に対して、あなたは賛同するか。

賛同する人は、政府などによる自殺対策の取り組みを批判せよ。賛同しない人は、これらの議論に対して反論せよ。

振り返ると、この課題設定はとうてい具体的ではなく、高校生でも書きにくかったのではないかと後で反省した。たまたま大学進学率九割以上の進学校だったので、生徒個々人が自分なりにひきとって書ける能力があり、課題に対応できたのだろう。メインとなる発問は、どれだけ考えつくしたつもりでも、後になって失敗したと後悔することが多い。

第１回	課題一を考え、意見を書く。「自殺を個人の自己責任とする議論に対して、あなたは賛同するか？」(20分)
第２回	５人の代表意見者がそれぞれ説明し、課題二・課題三の指示に従い、代表意見への疑問・質問・批判を考え、意見を書く
第３回	討論授業
第４回	討論授業の続きと、まとめレポートの作成

図9-1　実際の授業の展開

なにはともあれ、生徒は一生懸命書いてくれた。

3 あなたは自己責任論をどう思うか

［課題一］で生徒の出してくれた結論だけで言うと、ほとんどは「賛同しない」であった。当たり前といえば当たり前である。話し言葉では乱暴なことを言っていても、いざ書き言葉となると冷静になって考え直したり、優等生的な意見に書き改めたりするのは当然のことだ。この点でも課題設定としては失敗したと思った。

「賛同する」「賛同しない」のどちらかを自らの意見として選ばせようとする課題設定は、教える側の目論見としては、両方の意見が半々くらい出てきてくれて、討論となって盛り上がることを期待する。しかし実際には目論見どおりになったことはなかなかない。

今回の場合、何人かは「どちらともいえない」という生徒もいた。「賛同する」という生徒も二人いた。ちなみに、浅香は「賛同しない」であった。

結局、以下のように代表意見を選んだ。この五つにした理由は、論点が比較的明快に表現されているものと判断して選んだつもりである。しかし、他の意見が生徒を触発させる可能性もある。だからといって全員の意見を引っ張りだすと、後の生徒同士での討論が散漫になってしまう危険性もある。難しいところである。以下の代表意見は、二時間目の冒頭でプリントにして生徒に配布した。

代表意見

(一) 高口説：自己責任論に賛同する

人が決めた道をあれこれいう必要もないだろうし、政府はそんなことをしている暇があるなら、今を懸命に生きようとしている人たちに保障をしてあげたほうがいいと思う。それに自殺志願者を助けたところで、またいつ死のうと思うかわからないのに、助けてあげる義理がない。

(二) 橋浦説：自己責任論に賛同する

命はたしかに一人では養えないものであるが、政府が自殺対策に取り組み、自殺を阻止しようとするのはおかしいと思う。自分の命は自分で守る、これは当たり前だというなら、なおさらだ。自殺をする側は一人でしっかりと長い時間考えて決めたかもしれない。それを何もわからない他者が止めようとするのは、かなり勝手だ。政府が何をしようと、その立場でなければわかるはずもない。だから、お互いのために政府による対策なんてやめて、きちんと自殺する人の志を見届けるべきだ。

(三) 関原説：自己責任論に賛同しない

人を自殺に追い込むことはだれもが可能です。自殺を個人の問題としてしまうのは、人殺しは殺されたほうが悪いと言っているようなものだと思います。また、自殺を許してしまえば、いじめなどを許すのも同じだと思います。自殺してしまうと、いじめなどが明るみに出ず、逃がしてしまうことになると思います。

(四) 水尾説：自己責任論に賛同しない

自殺は自然では起こり得ない異常な事態である。しかし実際に日本では世界的にも多くの人が自殺している。つまり、これは自殺した本人だけの責任ではなく、その人が周辺の環境から影響を受けた結果だと考えられる。だから自殺を個人の自己責任とすることに賛同しない。

（五）立山説：自己責任論に賛同しない

自殺の原因は勤労時間とリンクしていると思う。なので自殺は自己責任ではないと思う。また、途上国には自殺する人は少ないというのはよく知られている話。今の生活が底辺で、あとは上がっていくことしかないと希望をもっているかららしい。（本で読んだ。）

次の授業の冒頭で、この五人に自らの見解を説明してもらった。それぞれの生徒が強調したことを以下に並べた。

（一）の高口説：自殺志願者は繰り返すし、ホームレスだって懸命に生きているんだから、こちらの支援が必要だ。
（二）の橋浦説：単純に死のうなんて人はいない。自分なら熟考を重ねて死ぬ。そういう人の考えを否定することこそ無責任だ。
（三）の関原説：いじめのように、人を自殺に追い込むことができるなら、それは人殺しにはならないか。自殺を放っておくことが人殺しをのさばらせることになる。
（四）の水尾説：人間も生き物だ。死にたいと思って生きる生き物なんていないよ。
（五）の立山説：自殺の原因を調べてみたら、一八％はうつ病が原因らしい。なんでうつ病になるかというと、人間関係や労働問題といった先進国特有の問題からくるようだ。仕事がダルすぎて死ぬ人なんていない。

そして五人の見解を、それぞれ以下のように名づけて板書した。

(一)	高口説	賛同する	「生きたい人への支援を」説
(二)	橋浦説	賛同する	「個人の自由」説
(三)	関原説	賛同しない	「自殺＝人殺し」説
(四)	水尾説	賛同しない	「人間も生き物」説
(五)	立山説	賛同しない	「うつ病」説

続いて、以下の課題をクラス全員に書かせた。二〇分くらい時間をとり、それぞれで考えてもらった。あえてグループで考えさせる形態はとらなかった。グループでいろいろな新鮮な発想を学びあうよりも、まずは個人でじっくり考えてほしかったからだ。

[課題二] 五人の代表意見について、あなたが一番「なるほどなぁ～」と思ったのは、誰の意見のどの部分ですか。また、それはなぜですか。

[課題三] 代表意見の一つ以上の部分に対して、批判・疑問・質問事項を挙げなさい。

次の授業までの準備を始めた。授業者サイドでどこまで入念に準備できるかが、討論が授業のなかでうまくいくかのポイントである。

授業者が意見を集約してから、生徒の回答を代表意見の生徒たちにすべて渡した。クラスメイトから寄せられた［課題三］の疑問・批判に関しては、次の時間までに反論・応答を考えてくるように指示した。

それぞれの代表意見に対する指定質問者も、それぞれに一～二名をあらかじめ指定し、次の授業の冒頭で、みんなの前で説明できるように伝えた。

以下の内容をプリントにしてまとめ、三時間目の授業で配布した。

［課題三］ 代表意見の一つ以上の部分に対して、批判・疑問・質問事項を挙げなさい。

（一） 高口説：「生きたい人への支援を」説への疑問・批判

中原：「生きようという人たちへの保障」とは生活保護などの政策にお金を回すべきということでしょうか。

望月：実は「今を懸命に生きようとしている人を助けること」と「自殺が起きる環境を改善すること」は同じことなんじゃないかと思う。「人が生きやすくすること」が必要だということを自殺率の高さは物語っていると思う。

（二） 橋浦説：「個人の自由」説への疑問・批判

菅：「何もわからない他者が止めようとするのは、かなり勝手だ」とあるが、自殺する人が何を思って自殺するのかわからないなら、なおさら止めるべきだと考える。なぜならば、自殺の原因は看過できるものだけではないからだ。身内が亡くなった遺族、いじめられている人、ストーカーに悩まされている人など、第三者の助けがあってくい止められる原因もたくさんあるはずだと思うからだ。だから、まず引き止め、なぜそうするか、原因を解明すべきだと考える。

岩塚：「志をもって自殺している」という考えに批判します。実際に自殺をしている人はそこまで考える余裕があるでしょうか？　命を絶つというのは最後に考えつくことのはずです。その考えに至るまで来てしまったのに正常な思考ができるでしょうか？　私はできないと思います。辛いことが積み重なって逃げ場を探して死んでしまう人もいると思います。私は政府の取り組みには反対ですが、強い意志があるのだから手を出すなという意見には賛同できません。

（三）関原説：「自殺＝人殺し」説への疑問・批判

橋浦：『「いじめ』に対する取り組みが不十分、人殺しを周囲に増やすことになる」とあるが、自殺をつくる「いじめ」すら防げない社会で自殺全般を取り締まるなんてできないのでは？

（四）水尾説：「人間も生き物」説への疑問・批判

谷林：意見は同意見。「自殺は自然には起こり得ない異常な事態である」。このことは、自然淘汰であるとしたらどうだろうか？　アリの全体の何％かは怠けアリになるという。

（五）立山説：「うつ病」説への疑問・批判

広口：労働時間との関係だけか？

4　いじめをめぐる問題への焦点化

実際に授業の中で生徒同士が討論している様子を見ていく。授業者がちょっとした発問を投げかけたり、論点を整理するなど、いかにかじ取りをしていくかが大切である。

今回の一連の授業では、授業者が予測しなかった論点も出てきて、生徒それぞれが考えを深めていく雰囲気を感じとれた。討論内容のすべてを紹介することはできないので、論点ごとでの生徒間のやりとりの一部を振り返る。

資本主義社会にとって社会保障は必要か？

高口説に対する中原からの質問（生活保護にお金を回すべきか）には、高口は「そのとおりです」

と答えた。なぜそのような質問をしたのかを中原に聞いてみると、「自分も政府が自殺対策にお金を回すことには反対なんです。高口説には共感できます」とのことであった。「賛同しない」と回答する生徒が大多数とはいえ、実際の生徒の心のうちには自己責任論も渦巻いている。

もう一人の指定質問者の望月が言った。「自殺にまで至る人には、この世のドス黒いかたまりまで経験しているんだから、そういった人たちの声を救うことは、社会の構造を変えていくうえで大切なんじゃないですか。自殺対策というのも、生きたいと思っている人を保護することと同じことだと思う。」

これに対して高口は、「『人が生きやすくすること』というのがよくわからないです。例えば職場の上下関係のことだと思ったんですが、タテ社会をなくして生きやすくするということだと思ったんです。それは資本主義的に無理があるんじゃないですか。最終的に自分の身を守るのは自分です。立ち向かえなかった自分に責任があるんじゃないですか」と返した。

さらに望月が反論する。「社会の労働力を考えたときに、一人が自殺するということは、一億数千万円の生産力を失うことになるんだから、社会全体のことも考えないとまずいんじゃないですか。」

高口はこの時点で「考え中」となった。高口は資本主義の論理で自己責任論を押し通そうとしたが、望月は同じ資本主義社会を持続させるための条件としての自殺対策という論理を返したことになる。社会保障制度が資本主義国家で不可欠とされる一つの論理を生徒の対話のなかで浮かび上がらせた。

他方で、いわば「生産性のない人間」を資本主義国家ないし社会が救済する必要があるのかという論点も導き出せる。授業者としてはこの点について深めたかったが、生徒間のやりとりは終わってしまった。授業最初の討論だったので、授業者で論点を打ち出していくことはあえてしないようにした。

自殺の原因を求めることに意味があるのか？

次の代表意見者の橋浦は、思いにあふれて、かなりの理論武装をしてきた。橋浦説に対する菅の批判は、自殺の原因を分類すべきというものであった。口頭では「借金自殺の場合は自己責任だから、しょうがない気もするけど……」とも述べた。

橋浦は次のように言う。

「自殺に向かう人にとって、面と向かい合って話すことは、本当のことをいうとやりたくない行為だともインタビューに出ていたんですよ。『自殺する人の心を知らないんじゃないの』と友だちにも言われたんですよ。で、調べてみたんです。自殺する人は、『わかってほしいんだけど、話したくない』という引きこもりの感情があるから、面と向かい合って話しても自分を傷つけるだけなんですよ。」

さらに、「実際には自殺する原因には具体例なんてないんです。その人の心の内なんて他人にはわからないんですよ」と、菅のように自殺の原因を探ろうとする姿勢に疑問を投げかけた。

「自殺の原因」と板書して、授業者が少しだけ整理することにした。

菅は自殺の原因を突き詰めようとするのだが、橋浦は自殺の原因なんてそもそも括れるものじゃないんだという。

橋浦は言う。「いじめを自殺の原因とするなら、たしかに周りが悪いと言ってしまえばそれまでです」という。「しかし、いじめられている人が『周囲のせいだ』と言えるかというと、自分のいじめられた経験からいうと、決して言えないんです。周りのせいにしたところで、周りが変わらなかったから、自分を責める。そういう流れがいじめにはあると思うんですよ。」

橋浦の気持ちのこもった反論に対して、菅は「人の考えはそれぞれなので……」ということで打ち切ってしまった。

自殺を授業でとりあげるには、いろいろな面で細心の気配りが求められる。かなり鈍感に授業を始めてしまったことを後悔した。しかし橋浦はクラスメイトを前にして、堂々と自分の見解を発表した。クラスを信頼している証ともいえる。この局面では授業者が腰砕けにならず、クラスのみんなが意見を共有できる環境を提供することが大切なのだと実感した。

いじめは解決するのか?

討論は、いじめをめぐる問題に焦点づけられていった。関原と橋浦の討論を見ていく。

橋浦「関原が言ってることには無理がある。『単純にいじめられる側が悪い』と思う人もいます。で、いじめられている人から相談を受けたことが僕にはあります。その人と僕とは同じようないじめられ方をされていたんですけど、感じ方、受け取り方が違っていました。実際に相談にのってあげたところで、何もできませんでした。いじめを他人のせいにしたりするのではなく、自分で解決するというのが大切なんです。他人を頼って苦しい思いをするよりは、楽なんですよ。」

関原「いじめられている側が悪いときもあるということですけど、いじめられている側が自殺してしまっても、しょうがないということなの?」

橋浦「実際は僕も『られる側』になったこともあるので、そう思われたくはないです。自分が悪いなんて、自分だけが思っていたいことなんで、他人にどうこう言われるのはつらいから、自殺に追い込まれるケースがあるので。難しいですけど……」

そこで米田が質問してきた。「逆に話すことで解決できる何かがあるんじゃないの?」

橋浦「そのときは共感してもらえるかもしれないけど、次の日になって、別の視点に立ったら意見が変わるかもしれない。自分も親友に相談したことがあるけど、結局意見を変えられてしまって、ひとりで悩んでいたんですよ。そのときだけ楽になるんだったら、もういいです。」
米田「でも話すことで……」
関原「繰り返しになっちゃうよ。」
宮地「変わらないことはないと思うよ。」
ここでいったん打ち切った。いじめられる側を助けようとする言動が、かえって苦しい思いを招いていると橋浦は言う。橋浦の経験と実感に即しながらの発言は、説得力と違和感の両方を教室に渦巻かせたように感じとれた。
特に授業のまとめをすることもなく、最後にもう一度「課題一」を考えてもらうレポート課題を指示して、一連の授業を終わりにした。

- 近代社会は個人の自由が大原則（高口・橋浦）
  →自己決定・自己責任
- 自殺は社会の損失（望月）
  →「生産性のない人間」は？
- 借金自殺といじめ自殺は違うのか？（菅）
- 自殺の原因なんてわからない（橋浦）
- 自殺対策基本法の評価

図9-2　授業者による板書内容

5　生徒の本音を引き出す

討論で最も発言が多く、討論の展開をリードしたのは橋浦であった。橋浦が討論の後半部分で、いじめに焦点化した議論を展開する。橋浦が「いじめを他人のせいにしたりするのではなく、自分で解決するというのが大切なんです」という自らの実感に即した発言に対して、クラスの生徒がかわるがわる「話すことで解決への途が見えてくるかもしれない」と説得する口調で反論した。そのやりとりの繰り返される局面があった。

授業での討論の過程を振り返ると、高校生にとって自殺と聞いて浮かび上がる関心の焦点はいじめ問題であった。社会科の授業の目標として、現代日本（世界）の社会構造を子どもたちがつかんだり、深めたりすることが第一にあげられる。いじめ問題で盛り上がった討論授業は、社会科の授業として成立していないのでは、という批判もあるかもしれない。自殺問題を社会科の授業で扱うのなら、例えば過労自殺の問題のように、今の日本社会の構造的な問題を授業者からわかりやすいかたちで生徒に示すべき、という見解もありうる。あるいは、いじめ問題はホームルームの時間で議論させることに意義があるのでは、という疑問もあるだろう。

しかし、だからといって、いじめやいじめ自殺をホームルームの時間で提起して活発な議論がおこなわれるとは、とうてい思えない。社会保障の意義を考えることをめざした「自殺は『個人の問題』なのか」という討論授業を組織したからこそ、生徒は自分の日常生活や生活世界を真剣に思い返し、いじめ問題という最も考えたいテーマを抽出したのではないか。

討論授業では、生徒の本音を引き出すことが重要である。意見を主張しあううちに、ふと出る本音が討論を加速させていく。感情と論理がごちゃ混ぜになりながら、認識を深めていく。生徒たちは自殺といじめを混同していたのではなく、自分たちにとって身近で切実な問題から迫ろうとしていた。そこから本音が生まれるのであって、討論を聴いている生徒たちも考えを深めていった。

高校生にとって教室こそが社会であり、教室という日常の中で、自分が追い詰められかねない現実がある。授業者の役割は、高校生にとってのそうしたリアルな社会を所与の前提としてとらえさせるのではなく、組み替えられるものとして、政治や公共の世界へ高校生のまなざしを誘い込む契機を与えることである。

授業の最も大きな反省点としては、討論がいじめ問題に焦点化した後で、「いじめを苦にして自殺する」という言説の連関が当然のことのように語られること自体を議論の俎上にのせるべきであった。それから、社会保障政策の一環として自殺予防を掲げることは意義あることなのかを再び問題提起すればよかった。

他の反省点としては、問題提起の発問にも工夫が必要であった。「自殺は個人の問題か社会の問題か？」という投げかけは、「個人の問題」と「社会の問題」に二分する問いの立て方であり、その二分法自体が社会認識の観点からして危うい問題設定である。

いくつかの論点に即して議論を深めることもできなかった。例えば、自殺の原因で分類して論じてもいいのかという論点や、近代社会の大原則である「個人の自由」という視座に即した論点などである。他にも、指定質問者の望月が提起した論点（自殺が社会のコストにもなるという批判）は、社会という領域に目を開かせる重要な論点であり、そこから生産性という視座だけで考えてもいいのかという疑問も浮かび上がってくる。そのあたりを授業者がどのように授業のなかで打ち出していけばよかったのかという点も、今後考えていきたい。

COLUMN

「いじめはいけない！」は通じない

田中　彗

いじめ防止は子どもたちの願いでもある

現在、私の勤めている学校では、「いじめ防止運動」が活発に行なわれています。元は教員主体で始まった活動ですが、子どもたちもそれなりに関心を寄せており、生徒会役員である子どもの代表たちを中心に学校全体を巻き込んだ取り組みとなっています（多くの小学校では「児童会」ですが、本学校は小中一貫校で、生徒会役員に小学五・六年生も加わっています）。活動の内容としては、いじめられた側の心情的なつらさを訴える観点からいじめ防止を図る取り組み、いじめを止めるために勇気を出すことの大切さを説く取り組み、また「いじめ」はどんな時に発生するのか状況を分析して対策を練る取り組みが主なものです。

小学校低学年の子どもたちでさえも、「いじめ」は「いけないもの」という認識はしっかり持っているようで、複雑なケースや事例を理解することは難しくても、お互いに仲良くするためにはどうすればいいのかを考えている様子が見られます。教員の目から見るかぎりでは、たとえ傷つけたり傷つけられたりすることがあっても、「相手と仲良くしたい」という思いがお互いに一致していれば、たいていは解決できています。幼ければ幼いほど、仲直りもしやすいようです。子どもたちのこういった姿勢は、子どもたち自身がお互いの関わりを良いものにしたいと思っていることの表れであり、教員としては頼もしく感じます。もちろん、こういった話題に対する子どもたちの気持ちには温度差は当然あるでしょう。それでも、やはり「いじめ」はないほうがいいという考えは共通認識になっていると思います。心の底から「自分さえ良ければそれでいい」と考えている子どもは、あまりいないだろうと思います。

「合理性・正当性」の暴力

さて、「いじめをなくそう！」と子どもたちのほうが堂々と言っている私の勤務校でも、やはり「いじめ」や「差別」がないとはいえません。決して、「いじめをなくそう」「仲良くしたい」という子どもたちの思いが口先だけであるとは思いませんが、「いじめ」はその撲滅を本心から願っていてもなお、起きてしまう「現象」であると感じます。では、いったいなぜこの「現象」は起きてしまうのでしょうか。

私は、原因の一つとして「自己感覚の合理性・正当性」があると感じています。それを考えるために、一つの映画を紹介します。

二〇一六年公開されたディズニーの『ズートピア』は、肉食動物と草食動物が共存する世界を舞台に、新米警察官のウサギのジュディと詐欺師のキツネのニックが、連続行方不明事件を解決していく物語です。ウサギのジュディは、体の小さいウサギの女性であることを理由に、一人前の警察官として扱ってもらえません。そのことを悔しく思っていますが、めげずに自分の職務をまっとうするキャラクターとして描かれています。ジュディは自分自身が差別されて悔しい思いをしてきたので、努めて物事を見た目で判断しないようにしていますし、差別された者へも積極的に救いの手を差し伸べようとします。

しかしそんなジュディも、肉食動物が凶暴化するという連続事件が起きた際には、「凶暴化するのが肉食動物ばかりならば、それは生物学的な共通点によるものだ」ととらえ、肉食動物は狂暴性をもっていると判断してしまいました。それを聞いた友人であるキツネのニックは、たいそう傷ついたのです。彼女は起きた出来事を客観的に冷静に理解したつもりでした。生物学による科学的な根拠に、その判断は支えられていました。

このエピソードは、どんなに差別を嫌っている人間でさえも、自分が気づかないうちに他人を貶めてしまえることを教えてくれます。「いじめはいけない」「仲良くしたい」と思っている子どもたちであっても、その集団の中に他者を排除することが許される合理的な正当性が生まれてしまえば、あっさりと他人を攻撃してしまうものなのかもしれません。そして、それは大人でも子どもでも、そう変わりません。いじめの被害者の保護者の中には、加害者とされる子どもを学級から追い出してほしいと、堂々と訴えてくる人もしばしばいます。排除するだけの合理性、正当性を手にしていると思っているのでしょう。

「対等」のもつ落とし穴

子どもの集団内で、人を攻撃する合理性、正当性が生まれる例として、「仕返し」「危険の排除」があります。例えば、ある子どもAが身勝手なふるまいをしたとします。この場合の身勝手なふるまいとは、特に低学年の男子に多く見られますが、「バカ」「うざい」などの乱暴な言葉がすぐに出てしまったり、気に入らないことがあると手が出てしまったり、サッカーなどをしていても自分の思いどおりにいかないとかんしゃくを起こしたり泣いたり、マイペースすぎて準備や片づけが遅すぎるなどです。学校という場では、そういった身勝手なふるまいによって周囲の子どもたちは傷つけられたり、尻ぬぐいをさせられるなど、「迷惑」をかけられます。すると、子どもAに対する周囲の心象は悪くなり、Aにやり返したり、仲間外れにしたりするようになります。これがエスカレートすると、いじめに発展してしまいます。

もともとの発端となったAの身勝手なふるまいが悪質であると周囲に認識されるほど、その集団の中でAを攻撃したり、排斥したりすることへの正当性は強くなります。この時、Aは集団の平穏を脅かす「敵」であるととらえられています。子どもたちにとって集団の平穏とは、けんかをせず、みんなで仲良くすることですが、その足並みから外れて身勝手な行ないをするAをどうにかしようと考えることは、個人的に嫌いだからといった意識を超えているように思います。「みんながAに困っているから」「どんなにみんながAに迷惑しているか、本人にわからせなきゃいけない」「Aが近くにくると暴力をふるわれちゃうから遊ばない」、そういった言葉を私は聞いたことがあります。Aを攻撃したり排除したりする子どもたちは、「自分たちは正しいことをしている」と信じているのです。ただ、そういう子どもたちのやっていることは、遊びに入れず仲間外れにしたり、Aにだけおもちゃを使わせなかったり、面と向かってAに暴言を吐いたり（子どもからすると苦情を申し立てているつもりでしょうが）と、明らかないじめです。しかし、それがいじめであると子どもたちは認識できていません。Aの身勝手なふるまいこそが悪であるため、それを解決しようとしている自分たちの行ないは集団にとって正義なのです。

差別の歴史を振り返ってみても、特定の人種や社会的地位の低い人間が差別されることには正当性があると、差別する側の多くは考えていました。ハンセン病差別の場合は、ハンセン病患者を隔離することこそが感染を防ぐ方法であると考えられていましたし、ナチスのユダヤ人差別も、劣等な人種だから絶やすことは正しいと当時は考えられていました。しかし、いくら当時それが正しいと誰もが思っていたとしても、多くの歴史的差別は非人道的な迫害行為でしかありません。当時の人びとでさえも冷静に考えれば、暴言を吐いたり、存在を無視したり、一方的に不利な立場においたりすることは人道的ではないと理解できたと思います。ところが、そこに正当性があると思えば、それが当たり前になってしまいます。

問題点を指摘するだけでは解決にはつながりません。Aのように乱暴な言葉を使ったり暴力をふるったりする子どもは、いじめの加害者として認識され、訴えられることがあります。Aを攻撃した子どもたちには、自分たちの感覚を理解してもらいたい、理解されるべきであるという思いがあります。だからこそ、それを理解しなかった存在を攻撃・排斥する合理性や正当性が生まれてしまうのでしょう。理解されるべきだったのに、理解してもらえないから怒ったり、傷ついたり、困惑したりするのです。その一方で、乱暴な言葉遣いや暴力的なふるまいは、当人が意識してとっている行動ではないことが多いのです。当人としては、周囲の子どもたちと同じように平和的に過ごしているつもりです。周囲の感覚を理解しているつもりで、理解できていないので乱暴な言葉や暴力によって受ける周囲の苦しみもまったくわからないのです。

私たちが生きる社会では、自分たちの感覚からすると逸脱していると思われる存在が現れる可能性は常にあります。子どもたちの教室も同じです。感覚を共有できない存在は決して外国など遠いところにいる者だけではありません。同じ学校の同じクラスの中にだって感覚を共有しない人は当然いるはずなのに、子どもたちはそのことにあまり気がついていないのではないでしょうか。

私たちは教員として、人間はみんな対等な存在であることをメッセージとして送っているつもりですが、「対等」だからこそ、自分の感覚を理解してもらえるという思い込みも一緒にメッセージとして送っているのかもしれません。幼い子どもや異なる文化圏の人などには求めないことを、「対等」な相手には求めてしまいます。人間の存在の重さと、感覚を共有できるかどうかは、まったく別問題です。いま、改めて子どもたちにはそれを伝えていく必要性を強く感じます。

失敗してもやり直せる

『ズートピア』のクライマックスでは、ジュディが自分の中にあった差別意識に気づき、はっきりと言葉に出して認めました。そして、もう一度やり直してみよう！　と前向きになることができたのです。ニックもそんな彼女を許しました。私たち教員は、「人を傷つけたら一生心の傷は癒えないから、傷つけてはいけない」という理屈で生徒指導をすることが多いですが、よく考えてみれば、ジュディのように失敗して人を傷つけてしまうことは誰にでもありうることです。そこに目をそむけず、失敗しても共存することをあきらめない姿勢や、人の過ちを許す姿勢こそが、いじめをなくしていくためには大切であると感じています。

主題歌「トライ・エヴリシング」でも、そのテーマがよく表れています。

間違えることでやっと
分かることだってあるから

あきらめないでいこう
どんなことがあったとしても
何度でも　ダメだとしても
向かっていけばいいよ

日本語版の主題歌は元E－GirlsのAmiさんが歌っています。うまくいかないことがあったとしても、失敗しても何度でもあきらめずに挑戦していくことが歌われています。差別と向き合う姿勢はどうあるべきか考えさせられます。機会があったら聴いてみてください。

（この原稿は前任校での話を元に記述しました）

第10章

安房の高校生から始まった平和活動

河辺　智美

1　ウガンダ支援活動との出会い

私がアフリカのウガンダへの支援活動を知ったのは、安房高校三年次の二〇〇八年のときである。校内文化祭でJRC（青少年赤十字）部のウガンダ支援バザーに出会い、継続的な活動に感銘を受けた。その後、東洋大学国際地域学部（現・国際学部）に進学し、三年次のゼミ研修でウガンダを訪問した際、支援先のNGOウガンダ意識向上協会（CUFI）代表のスチュアート・センパラ氏宅にホームステイし、現地を見聞する機会に恵まれた。卒業論文ではウガンダ支援活動の実践事例を調査検証し、「国際理解教育における地域教材活用の有用性――身近な地域と世界をつなぐために」と題して執筆した。現在もセンパラ氏との交流を続けながら、NPO法人安房文化遺産フォーラム（以下、NPOフォーラム）のメンバーとして活動に関わっている。

そもそも高校生によるウガンダ支援活動が始まったきっかけは、千葉県歴史教育者協議会安房支部代表の愛沢伸雄氏による地域教材を使った授業にあった(1)。愛沢氏は、足もとの地域から世界を見て、そして自己に戻る視点を養い、地域社会に根ざして地球市民として生きるための教育を実践してきた。なかでも、戦争遺跡や婦人保護施設「かにた婦人の村」（以下「かにた村」）、ハングル「四面石塔」などの地域教材を活かした授業づくりに取り組んできた。旧県立安房南高校ではこうした平和学習を契機に、一九九四年より生徒会によるウガンダ支援活動が始まった。

アフリカのウガンダ共和国は、一九六二年の独立以降も紛争が絶えず、政治経済の混乱、教育や医療の崩壊が続いた。長期間の内戦のうえにエイズが蔓延して、孤児は数百万人ともいわれた。望まない少年兵に仕立てられて心に傷を負った者や、貧困で家もなく食事も満足にとれない者があふれていた。そんな子どもたちに生活や教育を与え、自立に向けてサポートしていたのが、CUFIである。

魚一匹あげれば一日食べつなぐことができるが、魚の獲り方を教えれば一生食べていくことができる。CUFIではこれを教訓とし、何かを与えるというより、知識や技術が身につく教育を重視してきた。設立メンバーの一人でもあり、二代目の代表となったセンパラ氏は、農村指導者として社会の再建に貢献するため、一九九四年に日本の栃木県にあるアジア学院へ留学し、持続可能な循環型農業を学んだ。

その際、研修の一環として館山市にある「かにた村」を訪問したことがきっかけとなり、安房南高校の生徒たちとの縁が結ばれた。センパラ氏からウガンダの状況を聞いた女生徒たちは、「ウガンダの子どもたちに夢と希望を」を合言葉に立ち上がった。同年は、国連の「子どもの権利条約」を日本が批准した年であり、学校で勉強がしたいと願う孤児たちのために支援をしようと考え、「相手の顔が見える」活動としてウガンダを支援先に選んだのであった。

以来毎年、文化祭でのバザー売上や募金を送り続け、二〇〇〇年には、安房南と名づけられた職業訓練校が現地に開設された。その後、統廃合により安房南高校は閉校となったが、県立安房高校ＪＲＣ部を経て、私立安房西高校ＪＲＣ部へと継承された。愛沢氏は教員を早期退職し、平和学習支援とまちづくりを目ざすＮＰＯ法人安房文化遺産フォーラムを二〇〇四年に設立した。その代表としてウガンダ支援の窓口を担い続けており、高校生と市民の協働による支援・交流活動は四半世紀におよんでいる。

2　地域に根ざした平和学習とは

房総半島南部の安房・館山は太平洋に開かれ、東京湾口部に位置するため、古くから戦略的な要衝である。帝都防衛のための東京湾要塞であり、館山海軍航空隊・館山海軍砲術学校・洲ノ埼海軍航空隊が開かれ、アジア太平洋戦争における航空技術の開発や訓練地として加害の一翼を担っていった。さらに戦争末期には、本土決戦に備えた抵抗拠点として、約七万人の兵士が投入され、陸軍・海軍の特攻基地や陣地など軍備強化が進められた。現在一般公開されている館山海軍航空隊赤山地下壕跡（館山市指定史跡）は、日米開戦前から造りはじめられたことが判明しており、基地に付属して建設された航空要塞であると考えられている。また、敗戦直後には本土で唯一「四日間」の直接軍政が敷かれており、平和裏に戦後日本がスタートする試金石となるモデル占領の地であった可能性も特筆すべきことである。

歴史から消された多くの史実は、愛沢氏が授業づくりのために地域を掘りおこし、明らかになったものである。ＮＰＯフォーラムのスタディツアーは全国から注目され、各地から平和学習の団体が館山へ訪れるようになっている。愛沢氏が地域に根ざした教育実践を志したのは、一九八九年に社会科教員研修で「かにた村」を訪問したことがきっかけである。

「かにた村」は売春防止法に基づく全国ではあまり見られない長期婦人保護施設で、さまざまな障害をもち社会復帰が困難な女性たちを救済するためのコロニー（共同体）である。創設者の深津文雄牧師が説いた「底点志向」とは、底辺よりさらに低い社会のどん底にいる小さく弱い人びとに寄り添うことであり、それを福祉事業の原点と考えていた。この理念に賛同した世界中のキリスト教ネットワークを通じて集められた基金により、一九六五年に館山の旧海軍砲台跡地に設立された。ここでは、傷ついた女性たちが支え合いながら、それぞれの障がいに応じてできる作業を通じて、人間性を回復し、働くことの喜びを得ていく共生の村づくりが実践されていた。「かにた後援会」と称して広く支援を呼びかけ、全国から送られてくる中古衣料や日用品をバザーで販売し、施設運営に充てている。

戦後四〇年のとき、ここで暮らしていた一人の女性が、戦時下に従軍慰安婦であったことを告白した。長い間心に秘め、毎夜夢を見て苦しいので、戦地で亡くなっていった仲間たちを弔ってほしいという願いを受け止め、深津牧師は「噫従軍慰安婦」と刻まれた石碑を施設内の丘上に建てた。石碑は空を突き刺すように建っている。

愛沢氏は深津牧師からの聞き取り調査を重ね、「かにた村」と石碑の存在を地域教材として取り上げ、女子校であった安房南高校で平和・人権学習の授業を行なった。地域に生きる一人の女性として、告白に至った女性の生きざまに焦点を当てながら、主体的で民主的な主権者の意識を育て、生徒の平和認識を変容・深化させることをねらいとした。

九時間にわたる授業を受けた女生徒たちは、「私たちの身近にこんな大事なことがあった」「平和は戦争をしないだけじゃなくて、自分の思っている事を自由に言えたり、人種差別で悲しい思いのする人たちもいない、心がやすらいで生活できる事だ」「平和とは国民一人一人がささえているもので、その国民は自覚しなければいつでも崩されていくものだ」などと感想を記した。「従軍慰安婦問題」の認識に伴い、戦争に関わって悲しみや苦しみ、怒り、葛藤を抱えた女性の生き方を、単なる同情を超えて、女子高生なりに自分と深く関わる問題としてとらえた。地域の平和教材が生徒の心を揺さぶり、「何か自分たちにできることはないか」と模索を始めた。

奇しくも、「かにた村」では一九八九年から国際支援活動に取り組んでおり、バザーの中古衣料や日用品なども送っていた。このことは、「かにた村」が世界の人びとの支援によって建てられた経緯から、自分たちもできることをと、恩返しとしての取り組みでもあった。他人の痛みや苦しみにとても敏感な「かにた村」の女性たちは、日々の作業で得たわずかなお金を出し合い、募金にも協力していた。そこで深津牧師に相談したところ、ちょうど来訪したばかりであったセンパラ氏を紹介された。まず取り組んだのは、ウガンダの状況について調べ、相手を知ることであった。次に、資金調達の手段や物資の送り方を「かにた村」から学び、足もとの地域から世界に目を向けた活動を始めるきっかけとなった。教室・学校を越え、ウガンダという一つの現場とつながった生きた学習であった。

3 学校・地域で取り組むウガンダ支援

一九九四年一〇月、安房南高校の生徒会や生活委員会（後に、ボランティア委員会に改称）が中心となって、校内文化祭で第一回ウガンダ支援バザーを開催し、ウガンダの現状を伝える展示を行なった。あらかじめ「かにた村」から提供を受けた中古衣料のほか、全校生徒や保護者、地域の商店や諸団体に呼びかけて、文具や生活用品などを集めた。バザー売上は一八万円となり、それを送料に充てて支援物資二八箱をウガンダへ送ることができた。

同年一二月、アジア学院の研修を終えたセンパラ氏は、帰国直前に安房南高校へ来校した。歓迎会では、ウガンダの未来を子どもたちに賭けるセンパラ氏の想いを聞き、国際的な友情と交流を深めた。後にセンパラ氏から届いた手紙には、感謝とともに「どうか私たちのことを忘れないで下さい」と書かれていた。その言葉どおり、国際交流・支援の輪は後輩たちへ受け継がれ、やがて学校から地域にも次第に広がっていくことになる。

翌年五月、先に送っていた支援物資がウガンダに到着し、夏には「かにた村」が次にコンテナで送る物資の箱詰め作業に協力した。その中には同校の体育用ジャージや運動靴もあった。卒業時に不要になった衣類などを捨てるのではなく、学校生活を見つめ直す風潮が生まれていった。しかし、物資の輸送には高額な関税がかかることもわかったので、支援金を送ることを活動の柱とすることに変更した。

その後、校内文化祭におけるバザーや募金の支援活動は定着し、毎年約一〇～二〇万円を送金することができた。現地には魚の養殖池がつくられ、「安房南池」と命名された。教師の中には、「ウガンダ支援は焼け石に水」と冷ややかな言葉を投げかける人物もいたが、生徒の主体的な活動なのだから応援していこうという機運が多くの教師の中にも高まっていった。高校生とウガンダの子どもたちは手紙を送り合い、写真や子どもたちが描いた絵も届くようになった。これらは文化祭の支援バザーでも展示され、多くの人びとへ理解と協力を呼びかける貴重な資料となった。

一九九九年、ボランティア委員会顧問であった愛沢氏がウガンダを訪問し、高校生の支援がさまざまな形で実っている状況を視察し、帰国後、全校集会の際に報告会を行なった。

二〇〇〇年にはウガンダに「安房南洋裁学校」と命名された職業訓練施設が開かれ、閉課となる家政科のミシンが活用された（図10-1）。校舎の正面には、友情の証として安房南高校の校章も掲げられ、生徒にとっても大きな励みとなった。

二〇〇一年に愛沢氏は他校へ異動となったが、安房南高校のウガンダ支援活動は、ボランティア委員会顧問であった高木淳教諭らに引き継がれ、送金窓口は引き続き愛沢氏が担っていった。

二〇〇四年、愛沢氏が市民とともに進めてきた十数年にわたる戦争遺跡の保存運動が実り、館山海軍航空隊赤山地下壕跡が自治体によって整備され、一般公開が始まった。同年、「平和・交流・共生」を理念として設立したＮＰＯフォーラムでは、平和学習ガイドのほか国際交流を活動の柱に位置づけた。

翌年、ＮＰＯフォーラムメンバーからの呼びかけで誕生した「安房・平和のための美術展」では、高校生の支援活動に賛同し、ウガンダの子どもたちの絵画を展示するとともに、チャリティ収益金の一部を支援金とした。これは第一四回現在まで続いている。ＮＰＯフォーラムは、館山病院感謝祭においても、同病院健康友の会と協働して高校生とともにウガンダ支援バザーを開いている。また院内ギャラリーでは、ウガンダの子どもたちの絵画や写真の展示を行なってきた。

ところで、支援活動の当初に届いた絵画は、内戦直後の影響で、戦闘シーンを描いたモノクロの作品ばかりであった（図10－2）。交流の積み重ねを経て、高校生らが贈った色鉛筆で描かれるようになった絵画は明るく、学校で遊ぶ様子や動物の絵などが届くようになった（図10－3）。この変化は、この活動を担ってきたものたちに、あらためて平和とは何かを問いかける貴重な体験となった。

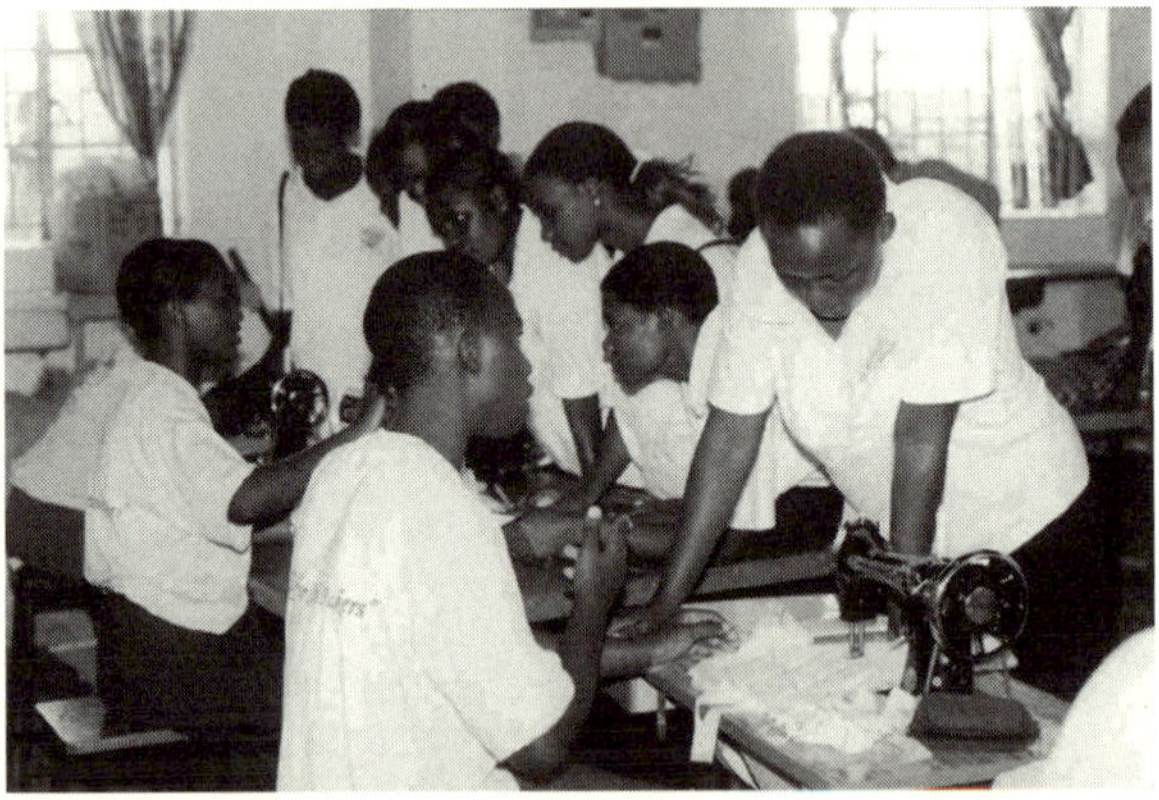
図10－1　洋裁を熱心に学ぶ生徒たち

4 三校にわたるウガンダとの絆

女子教育として県内二番目の歴史を誇った安房南高校には、一九三〇年に建てられた木造校舎（県指定有形文化財）がある。しかし残念なことに、安房高校との統廃合に伴って、二〇〇八年に創立一

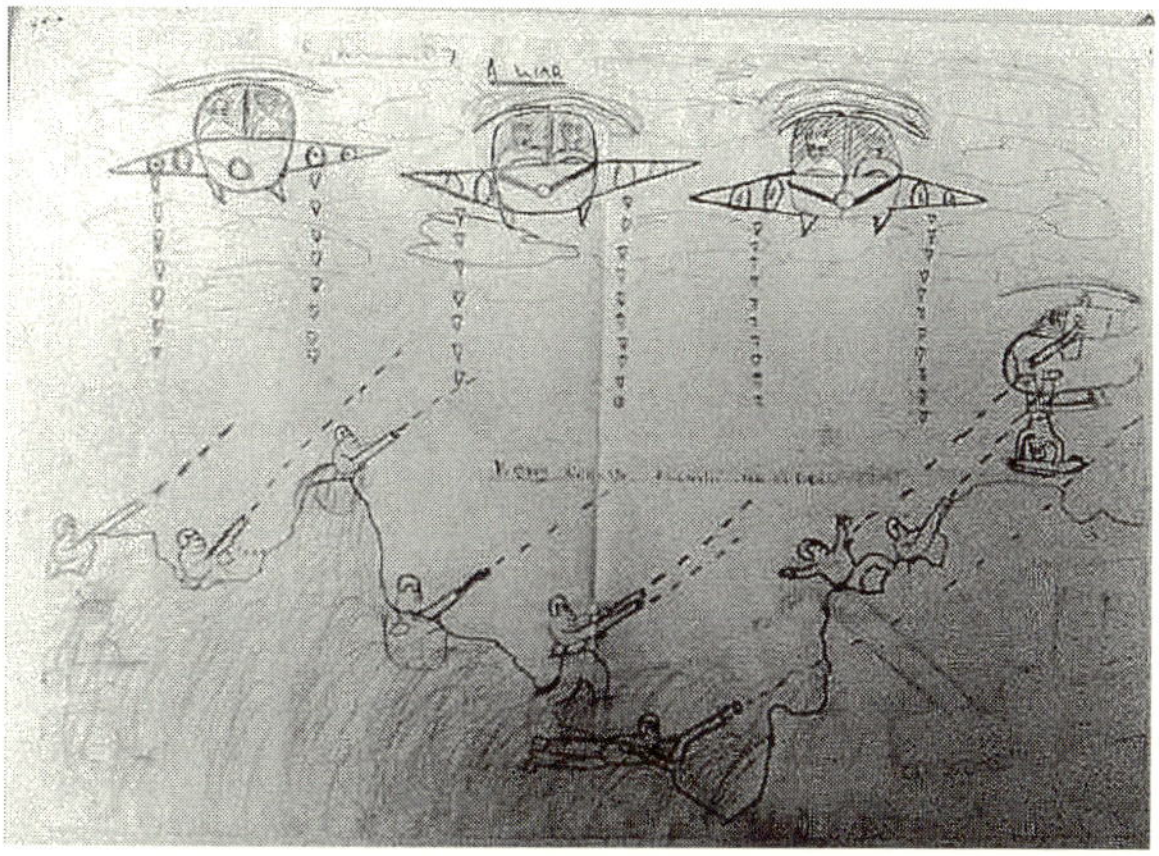

図10－2　戦闘シーン

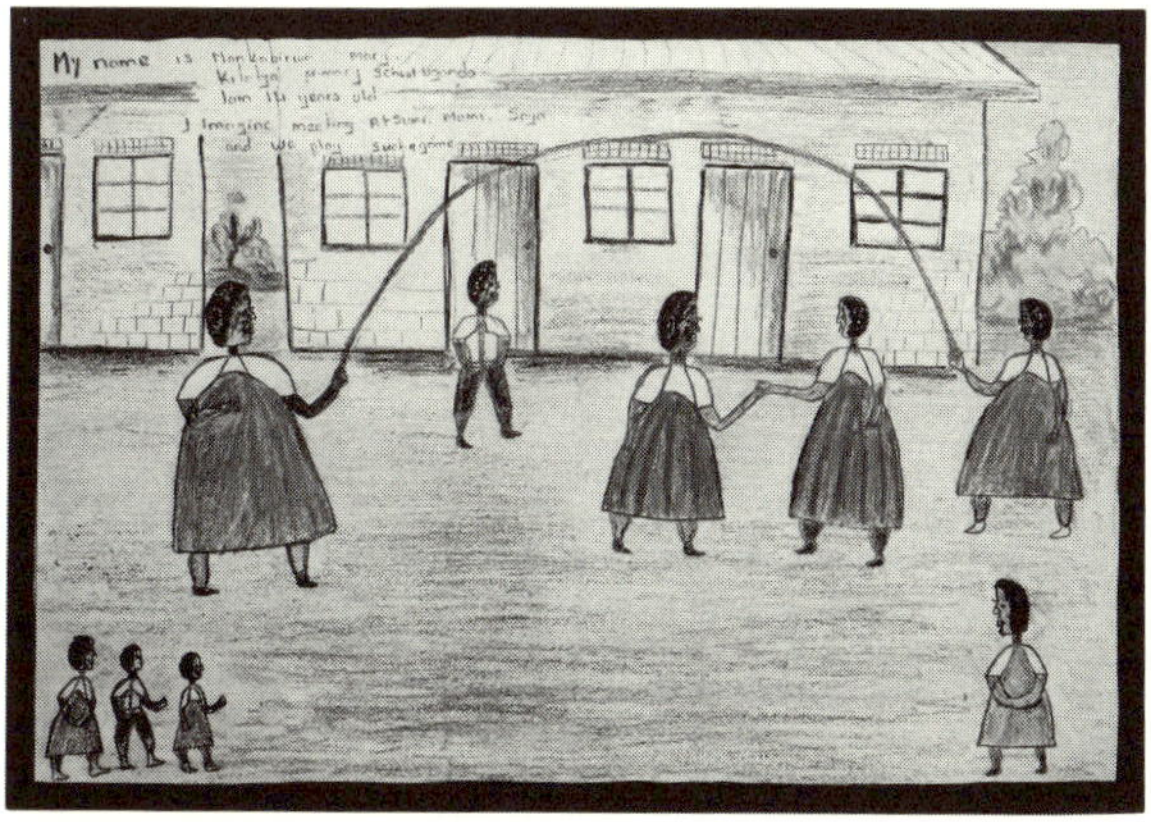

図10－3　長縄で遊ぶ子どもたち

〇〇年という由緒ある歴史に幕を閉じた。桐原書店の英語教材（二〇〇七年発行）では、「アフリカに残る日本の高校名」というタイトルで支援活動が紹介された。

ボランティア委員会顧問高木淳教諭は統合先の安房高校に異動となり、ＪＲＣ部顧問としてウガンダ支援活動の継承を呼びかけた。実は前年度から両校の交流や協働が始まった際に、統合後の文化祭でも支援バザーの開催が準備された。ＪＲＣ部による通算一五回目のバザーが実施された意義は大きい。地域の商店や諸団体にも協力を依頼し、校内文化祭でのウガンダ支援バザーは定例化していった。

安房高校を含む千葉県南部地区ＪＲＣ協議会では、ＮＰＯフォーラムが講師となり、ウガンダ支援活動の経緯や現地の状況を学び、活動の意義を深く認識した。安房高校ＪＲＣ部は支援金のほかに、文具や長縄などのプレゼントを贈り、子どもたちからはお礼の手紙や絵、写真などが届き、友情を育んだ。

二〇〇九年には、ＣＵＦＩの農園作業用の軽トラックが故障したとの緊急相談があった。ＮＰＯフォーラムが中心となり、館山病院健康友の会や閉店した元衣料品店などから協力を得て、ＪＲＣ部員と緊急支援バザーを行ない、中古トラック購入資金を捻出した。

二〇一一年の東日本大震災では、被災地復興支援が優先される国内状況下となったが、「長く続いてきた交流の火を消さない」という部員たちの思いにより、校内文化祭では震災支援バザーとウガンダ支援バザーの両方が行なわれた。この選択は、貧困という社会問題の根絶には長い時間を要することを理解し、それに関心を持ち続けることの重要性を示した点において、たいへん意義深いものであったといえる。

同年、私は大学のゼミ研修で訪問したウガンダに延長滞在し、支援先であるＣＵＦＩの現状を視察してきた。学校に通い続けることが難しい子どもたちは依然として多く、また学びの環境が十分に整っていないという状況でありながら、高校生らのささやかな贈り物に歓喜している子どもたちの笑顔に感銘を受けた。帰国後、報告会を開き、ＪＲＣ部員や国際協力に関心のある生徒たちにその様子を伝えた。

しかし、学校ぐるみで取り組んできた安房南高校とは異なり、安房高校ではＪＲＣ部という一組織で担う活動の負担は大きく、活動は次第に困難になっていった。二〇一二年にはとうとう同部は廃部となり、ウガンダ支援活動は止まってしまった。しかし播かれた種子は、その後、積極的に国内外のボランティア活動に取り組む一人の人材に花開いていったと聞き、支援活動の意義は大きいと感じた。

ＮＰＯフォーラムでは高校生による支援・交流を重要視していたので対応を模索していたが、ちょうど南部地区ＪＲＣ部協議会が開催され、その会合で私立安房西高校ＪＲＣ部へ活動を移行する提案を行なった。話し合いの結果、引き継いでいくという重要な決定がなされた。その後、活動経緯を理解してもらうために、かつて支援活動に参加していた安房南高校卒業生らを招いて、現役部員との懇談会を開き、取り組みを応援することを約束した。

二〇一四年には、安房西高校文化祭において初となるウガンダ支援バザー（通算一九回目）が開催された。同年は活動二〇周年の節目であったため、各校で活動に関わった卒業生や顧問、地域の支援者などが一堂に会し、「ウガンダ支援・交流二〇年の集い」の記念式典を開催した。現役の高校生と歴代の関係者がそれぞれの思いを語り、活動に向き合う姿勢や継続の価値を見つめ直すとともに、幾度の存続危機を乗り越え、地域の人びとと一緒に取り組んでいく意味を知る有意義な機会となった。

なおこのときに、安房南高校で美術教師であった彫刻家の船田正廣氏から、ブロンズの同校女生徒像が披露され、この像をＣＵＦＩに寄贈したいと述べた。こうして三〇キロもあるブロンズ像の送料は後日バザーで捻出され、年末のクリスマスプレゼントとして発送された。

二〇周年記念として館山信用金庫より「ふるさと応援ファンド」助成を受けたので、報告書『安房の高校生によるウガンダ支援・交流二〇年のあゆみ』を発行した。この編集過程において、卒業生から活動を振り返るアンケートの回答を得た。「ウガンダ支援は〝してあげたこと〟ではなく、〝自分のため〟でもあり、昔の自分に励まされる」「相手の立場・目線に立って考えることを学んだ。普段の授業では学べないこと」「思ったことや感じたことを行動に移すことが大事」などと書かれていた。

一方、CUFIで支援を受け成長した子どもたちのメッセージも得た。幼少期から支援を受けてきたウガンダの子どもたちは、今では大学生や社会人として活躍している。「日本の高校生の手紙や贈り物に友情を感じ、交流に感謝と誇りを感じている」「内戦や病気に苦しみ、空腹で安全な場所で眠ることが難しい環境にあったが、支援のおかげでご飯を食べ、ぐっすり眠ることができ、学校で勉強ができるようになった」「日本の高校生とつながっていることは私の誇り」「七歳の時にもらった楽器は（盲目の）僕の人生を大きく変え、自信を与えてくれた」「私たちを愛してくれてありがとう」などと書かれている。高校生や市民によるささやかな支援が、どれほど子どもたちを勇気づけてきたのかを感じ取ることができる。

5 コーヒーで広がる支援の輪

支援交流二三年目を迎えた二〇一七年春、孤児の送迎や食糧・生活物資等の運搬をしていた活動車両が、水牛と衝突して故障してしまったという緊急支援の相談があった。CUFIでは首都カンパラを含め四か所の活動拠点を駆け回っており、今なお孤児が多く、厳しい生活下にある北部のメデ村までは片道四一〇キロもあり、車は必需品であった。

緊急事態のため、IT型募金システムのクラウドファンディングを活用することにした。これはインターネットを通じて取り組みを表明し、賛同者から寄付を募る仕組みである。愛沢氏とセンパラ氏が共同名義で「ウガンダの子どもたちのための活動車両を買い替えよう」というプロジェクトを登録した。一二〇〇万円を目標額に設定したが、二か月余の期限内に達成できない場合は支援を得られない。

NPOメンバーと卒業生らを中心に態勢をつくって取り組み、新聞やフェイスブック、口コミを通じて呼びかけた結果、安房地域内外の二〇〇人を超える賛同者から寄付が寄せられ、目標を達成した。すぐに一万ドルを送金し、現地ではトヨタ・ハイエースの八人乗り三〇〇〇cc（一九九六年式）を購入することができた。

緊急支援活動のなかで、達成への追い風となった申し出を二つ紹介したい。一つは、地元の自家焙煎珈琲店オーナー鈴木正博氏が、支援のためにわざわざウガンダ産コーヒー豆を仕入れて、売上の一部を寄付し、店頭募金を行なった。ウガンダのコーヒーは、「アフリカの真珠」と呼ばれる美しく自然豊かな大地で栽培されたもので、アフリカ第二位の生産を誇る代表的な輸出品であった。

もう一つは、闘病中の画家のチャリティ油彩画展である。脳血管障害で入退院を繰り返したうえ、癌になり、絵筆を執れなくなった夫の姿を見ていた夫人は、友人から、作品をチャリティ募金してウガンダ支援に充てないかという提案を受けた。それに賛同して行なわれた三週間の個展では、二〇〇名の来場者で賑わい、多数の作品が売れ、その売上から約三〇万円が寄付された。会期が終了した二週間後に、その画家は逝去されたが、ほとんど意識が混濁しながら仕事を成し遂げた。人生の最期に大きな貢献をされたことを末永く語り継ぐため、この基金を報告書『安房の高校生によるウガンダ支援・交流二三年のあゆみ』の発行に充て、感謝とともにご冥福を祈った。

クラウドファンディングでのウガンダ産コーヒー豆のチャリティ販売を契機として、コーヒー豆をフェアトレードで取り扱い、今後の持続可能な交流と継続的な支援活動につなげられないだろうかと、珈琲店オーナーの鈴木氏から提案があった。フェアトレード（公平貿易）とは、開発途上国の原料や製品を適正な価格で継続的に購入することにより、立場の弱い生産者の生活改善と自立を目ざす国際協力の方法である。新しい支援の形が生まれ、これまで続いてきた交流の輪がさらに広がる可能性が期待できる。

そこで、二〇一八年八月、鈴木氏とＮＰＯフォーラム役員の愛沢香苗氏、筆者の三名がウガンダへ訪問することになった。私にとっては、七年ぶり二回目の訪問になった。ＣＵＦＩの活動状況を視察することと、コーヒー豆のフェアトレードの可能性を模索することが大きな目的であった。[2]

コーヒーベルト地帯に位置するウガンダのコーヒー豆は、風味豊かで、自然にも体にもやさしいといわれている。コーヒーを通じてウガンダのことをもっと知ってもらいたいと、二〇一八年度の安房西高校文化祭では、鈴木氏の協力のもと、ＪＲＣ部は初めてウガンダのコーヒーを販売し、たいへん好評であった。そこで、一〇月一日は「国際コーヒーの日」、九日は「ウガンダ独立記念日」であることから、一〇月を「ウガンダコーヒー月間」と位置づけた。安房地域内の喫茶店などに呼びかけ、ウガンダコーヒーの提供や豆・粉の販売を行なう支援キャンペーンを二二の店舗で展開した。キャンペーンにあたり、「コーヒーを作る人、届ける人、飲む人がつながり、ウガンダコーヒーのおいしさや魅力を広く知ってもらい、また市民同士の交流がより一層深まり、豊かな地域コミュニティになっていくことを願っています。そして、そのことがウガンダの貧しい子どもたちにもつながり、彼らが笑顔で学校に通い続けられるように、ささやかな力添えをしていきたいと思っています」と、多くの方に訴えた。期間中、約一八〇kgのウガンダコーヒーが流通し、多くの方にウガンダコーヒーの魅力を知ってもらう機会になったほか、お店ではウガンダ支援活動のことが話題となり、お客さんとの交流が深まったという感想が寄せられた。

高校生や市民による国境を越えた友情と知恵や意見の交流が、個人や地域をより結びつけ、平和を促進する芽が増えていくことを期待している。

6 地域に根ざす活動から学ぶこと

ウガンダ支援活動とは、裕福な側から貧困な側へ一方的に手を差し伸べるというものではなく、むしろ、センパラ氏らの活動から学び得ることがとても大きいと、長年センパラ氏との友情を育んできた愛沢氏は言う。それは、地域に根ざし、分かち合い、支え合うコミュニティのあり方であり、物理的な貧しさを上回る精神的な豊かさと、前向きな子どもたちの輝く笑顔である。

四半世紀にわたり、三校がバトンをつないで継承し、多様な市民ネットワークの応援を得ながら継続されてきた安房地域の国際支援活動は、全国的に見ても、おそらく稀有な事例といえよう。卒業生らは一様に、活動が息長く続いてきたことを驚き、引き継いでくれた後輩たちに感謝の気持ちを述べている。その多くは、今は子を持つ母親であり、なかには、母子二代で活動に参加している者もいる。現役の安房西高校ＪＲＣ部員は、「自分が生まれる前から続いている活動を誇りに思う」「末永く活動を引き継いでいきたい」と決意を示す。先輩たちの姿を見て、そして活動を通して、学び感じ取ることとは人それぞれである。

教育は、いつ成果が見えるかわからない「投資」といえるかもしれない。人が成長するのを三年、四年という単位で見るのは短すぎる。何かを学んでから一〇年後、二〇年後にようやく理解できることもあるだろう。この活動・交流は、安房の高校生やウガンダの子どもたちをどのように成長させたのだろうか。活動を見守り、応援し続けてきた先生方や市民もまた、どのような想いを抱いているだろうか。これらを検証していくことも、活動の教育的・歴史的意義を示すことになるのではないか。

まちづくりは人づくりといわれる。自らの行動が持続可能な未来につながっていくように、一人ひとりの変革が、地域社会に変革をもたらし、世界に変革をもたらすことを自覚しながら、この活動が永続するようサポートをしていきたい。

［注］

（1）具体的な授業実践の内容については、次を参照されたい。愛沢伸雄「『噫従軍慰安婦』の碑は平和を心に刻む」『子どもが主役になる社会科の授業』国土社、一九九四年。愛沢伸雄「平和学習と地域の掘り起こし――『かにた婦人の村』と従軍慰安婦問題」、千葉県歴史教育者協議会『子どもがたのしくわかる社会科』一九九二年など。

（2）クラウドファンディングで購入した車は、孤児たちの送迎はもちろん、生活物資の運搬に大活躍していることを確認した。CUFIの活動地である四か所を新しい車で訪問した。「安房南洋裁学校」「キタリア小学校」「カウム・トレーニングセンター」「グル県メデ村」にて、子どもたちの教育・生活支援、農業指導、コミュニティの自立支援などの活動状況を見てきた。また、自分たちの生活を良くしていこうというビジョンを持って、自然栽培のコーヒー豆の栽培に取り組まれている実践的なコーヒー農園の視察をすることができた。

第11章

大学生が空襲体験を学び、伝える

小園　崇明

1　平和資料館と大学教育の課題に直面して

二〇一六年四月に大学教員として働く以前、私は東京都江東区にある東京大空襲・戦災資料センター（以下、戦災資料センターと略）の研究員をしていた。戦災資料センターは二〇〇二年に開館した民立民営の資料館であり、その名のとおり、東京大空襲を中心に戦時下の暮らしや戦争の加害と被害について学べる施設である。団体来館者の多くは、空襲体験者による講話を求めてやってくる。よって体験講話は資料館の目玉の一つであるが、同時に大きな課題に直面している。それは、いずれ迎える、体験者から直接体験談を聴くことが不可能な時代に、どのように対応したらいいのかという課題である。これは戦災資料センターに限らず、各地の平和資料館などでも共通する課題であろう。

また、大学教育にたずさわる中で、戦争をどのように学生に伝え、関心をもたせることができるかという課題に直面した。教養科目の授業で、私は日本の戦後史を東アジア情勢から考える授業をおこなっている。第一回目の授業で、戦後史の中で関心があることを自由に書くように指示したら、ある学生から「戦後史って何ですか？　江戸時代ですか？」という反応が返ってきた。まさか「先の大戦」を「関ヶ原の戦い」と認識しているわけではないだろう（そういう歴史観もイイと思うが）。今の学生にとって、アジア太平洋戦争・第二次世界大戦は江戸時代と同じくらい「はるか昔」のできごとになっているのではないだろうか。

本稿では、東京成徳大学・空襲研究会（以下、空襲研）が有志学生で結成されるまでの経緯とその活動を通して、これらの課題について言及したい。

2　東京大空襲・戦災資料センター夏休み特別企画

戦災資料センターでの夏休み特別企画は二〇〇六年より始まった。夏休みの宿題で空襲の話を聴きにくる小学生が増え、集中的に体験者の話が聴ける機会を設けようと誕生したのが、この企画である。期間は毎年八月一五日前後の四〜五日間開催され、映像視聴、体験者の話、紙芝居、昔の遊び体験、展示資料クイズなど、盛りだくさんの企画である。当初は「夏休み親子企画」として取り組んでいたが、私が企画に参加した二〇一五年に「夏休み特別企画——みんなで学び、伝えよう！　東京大空襲」と企画名を変更した。参加希望者から、「親子ではないと参加できないの？」という声があったからである。

「親子」企画の参加者の多くは小学生の低学年とその親だった（高学年になると親と行動しなくなる）ので、小学生の高学年から中高生、大学生を呼ぶにはどうすればいいのか考える必要があった。私は千葉県歴史教育者協議会の活動からヒントを得て、とりあえず、若い子を呼ぶには若い子をステージに立たせるのが一番だと考えた。同会の県大会は大学生がよく参加するが、それは模擬授業や研究報告を大学生・院生・若手教員に多くさせているからだと考えている。

二〇一六年の夏休み企画では、本学の三年生二人が参加した。一人はインターンシップ、もう一人はその友人で、おもしろそうだからと参加した。インターンシップはキャリア教育（授業）の一環らしく、就職活動につながることを想定しているが、教員一年目の私はそれを知らなかった。過去にも他の大学がインターンシップで戦災資料センターを利用していたので、私としては訪問先に悩んでいる学生に気軽に紹介した程度の認識であった。二人には司会や昔の遊びコーナーの監督などをしてもらったが、インターンシップできた学生には、「中高生による空襲体験談の朗読」の練習風景を撮影・作品化してもらった。

この企画は、事前に戦災資料センターの展示見学、体験者による朗読指導に参加してもらう。この事前学習は、非体験者である読み手（中高生）にできるだけ空襲のイメージをもってもらう意図があった。特に空襲体験者による朗読の指導は、空襲を想像するうえで重要だ。例えば、焼夷弾の落ちる音が「シュルシュルシュル」と文章にあるとして、黙読の場合はあまり注意せずに読み飛ばしてしまうかもしれない。しかし声に出す場合は、実際に体験者が聴いた音をイメージしなければ、非体験者はどう読んでいいかわからない。焼夷弾の落ちる音を体験者に尋ね、表現してもらい、非体験者がそれを想像しながら模倣する。このようなやりとりを通して、非体験者は空襲について深く考えるようになる。また、空襲体験は一つではないということに気づくことも重要である。非体験者が焼夷弾の落下する音を想像しても、体験していない以上、それは想像の域を超えない。一方で、体験者の体験は多様であり、文字にされる擬音もまたさまざまである。自身が体験していない空襲は、たとえ空襲体験者でも想像するしかないのである。それを非体験者が認識することで、どんな体験談を読む時も一文一文注意するようになる。

学生の作品は企画の一つとして上映した。作品は、体験者に指摘されながら練習する中学生が、戦争を具体的にイメージするようになる過程が描かれている。同時に、映像作品をつくった学生も自然と戦争に関心をもつようになった。つくる過程で非体験者である中学生と自分を重ね、また空襲体験者の想いを近くで感じるからである。その後、企画に参加した二人は、大学で空襲の展示をやりたいと私に言ってきた。

3　企画展「戦時下の〈日常〉と東京大空襲の記憶」ができるまで

東京成徳大学の千葉キャンパス（八千代市）には伝統文化資料室というものがあり、学芸員資格を取る学生はそこで年間五回ほど企画展をおこなっている。二人の学生は次の展示責任者だった。私はその授業の担当ではないが、担当教員と相談し、企画展の監修を引き受けることにした。二〇一六年一一月頃から週一回、展示検討会議をおこなった。学生が二人だけだと大変なので、メンバーを集め、二年生二人、一年生二人が参加し、「東京成徳大学・空襲展実行委員会」（以下、実行委員会）が誕生した。

展示コンセプトは空襲体験者のライフストーリーを中心にし、戦災資料センターの夏休み特別企画で学生が仲良くなった二人の空襲体験者、竹内さん（一九三一年生・女性）、二瓶さん（一九三六年生・女性）と、私の個人的な知り合いで在日朝鮮人の李さん（一九三四年生・男性）にインタビューすることにした。理由として、三人は同じ城東区（現在の江東区）で被災した共通点があることと、年齢・クラス・ジェンダー・エスニシティの違いから体験の違いを分析できるのではないかと考えたからである。学内でおこなった企画検討会議のほかに、学外でおこなった活動は以下のとおりである。

〔二〇一六年〕

一二月四日、昭和館と戦災資料センターを見学

一二月一八日、自宅で李さんにインタビュー

〔二〇一七年〕

一月八日、竹内さん宅で新年会（二瓶さんと、もう一人別の空襲体験者も参加）
一月一三日、二瓶さんと映画『この世界の片隅に』鑑賞（渋谷）
二月一二日、東京ワンダーサイトと戦災資料センターを見学
二月一七日、丸木美術館とさいたまピースミュージアムを見学
二月二〇日、戦災資料センターで竹内さん・二瓶さんにインタビュー
三月一日、李さん宅でインタビュー

このうち映画『この世界の片隅に』を鑑賞した理由は、検討会議で、ある学生が「いきなり空襲や戦争の話をすると、今の学生は重くて、引いてしまうのではないか」と主張し、他の学生も賛同したからだった。同映画は呉空襲を中心に描いた作品であるが、戦争の苦しさ、悲惨さだけではなく、戦時下ではあっても、その生活のなかに笑い、恋愛などがあることも伝えている。観ている側は、現代にも通じるコミカルな「日常」とリンクすることで、その時代に溶け込んでいき、やがてくる空襲の恐ろしさ、戦争の悲惨さを受け止めることになる。原作者のこうの史代は、インタビューで「戦争を描くには、空襲や食糧難などで、いつ自分が死ぬかわからないヒヤヒヤした状態、死と隣り合わせの日常を体感できるような街じゃないといけない」と述べている。さらに「戦争の悲惨さだけを語っていても、そういうものが好きなひとにしか届かないいんですよ。ひとが戦争に惹きつけられてしまう理由を説明するには、その魅力も同時に描かないといけない。そこに分かちが

3月1日、李さんへのインタビューの様子

たいものがある」と述べている。提案した学生はすでに映画を観ており、重く苦しい戦争を今の若い世代にどう伝えるかを自分なりに考えた。私は空襲体験者と一緒に観にいくことを薦めた。感想の違いが気になったからである。

非体験者である私や学生は、防空壕に避難して真っ暗な状況のなかで焼夷弾が落ちるシーンに迫力を感じたが、一緒に観た東京大空襲の体験者である二瓶さんは、空襲警報のサイレンが一番怖かったと言い、それ以外はさして怖く感じなかったようである。さらに、二瓶さんは個々の体験が異なることを前提としながら、「うちのはあんなに立派な防空壕ではなかったねぇ」と言っていた。実際に空襲を体験した人の恐怖を表現することは、はなはだ困難な問題であるが、それを体験者の話を聴くことで非体験者が認識することは重要だと思う。また、個々の体験の相違や感覚（サイレンの音）の恐怖については、先の朗読の練習と同様に、空襲体験の継承を考えるうえで重視すべきポイントであることを学んだ。

展示の準備が差し迫った二月の後半になると、企画検討会議は教員そっちのけでおこなわれた。私が提案した案は「あくまで先生の案」ということで、学生たちには却下された。私の意見を取り入れると、自分たちの主体性がなくなると考えたからであろう。教員の介入の難しさを感じつつ、学生が自立して活動するようになったことは嬉しく思った。

企画展名は「戦時下の〈日常〉と東京大空襲の記憶～三人は確かにそこにいた～」（以下、東京大空襲展）に決まり、二〇一七年三月一〇日～五月二五日まで開催した。東京大空襲があった三月一〇日を重視し、新入生にも観てもらいたく、長い期間の展示になった。学生が考えた「はじめに」の文章を以下、掲げよう。

はじめに——戦争に沿うのではなく、個人に沿う

多大な犠牲者を出した、戦争の一部としてかたづけるのではなく、意思をもった個々の人間のストーリーとして考え、〝語り〟の展示をつくりました。戦時という今から考えると非日常的な空間で、どうにかそれを日常として暮らしていた人たちが更なる非日常に巻き込まれていく。空襲体験者が〝何事も突然はじまるのではない、積り積もったものだ〟と、あの時代を回顧したように、徐々に迫っていく〝あの日〟を個々の体験から伝えていきたいと思います。非体験者にとっては、あまりにも現実味のなくなってしまった過去を〝本当にあったできごと〟として感じてもらえれば幸いです。

東京大空襲展は二〇一七年四月一六日、『朝日新聞』（東京版）に紹介された。記事には学生の意見として、空襲体験者から話を聴くなかで「教科書では学ぶことのない壮絶な体験をもっと知り、発信しなければと思うようになった」とある。取材は学生に任せており、私は離れた場所から聴いていた。記者がこの展示の見どころを尋ねたところ、ある学生が体験談を「できるだけインタビューで聴いた時の体験者の口調で文字におこし、パネル化した」と言った。それは、学生自身が体験者から聴いた驚きをそのままの形で伝えたいという意志だと思われる。記者は納得していたが、私はさらに尋ねた。「でも、直接聴いたあなたたちが感じたことと、この展示を見にきた人が間接的に文字のパネルから感じることとでは、大きな溝がありませんか」と。学生はそれに同意したので、私がその溝を埋めるためにはどうすればよいかと重ねて尋ねたところ、「実際に体験者と接した私たちがガイドをすればよい」と答えた。私は「では学生ガイドも、この展示の特徴になるよね」と言った。こうして、記事にも学生ガイドが紹介された。

もともと、三人の体験者に対して、二人ずつ学生の担当を割り当てていた。その時の私の要求は、「自分が担当した体験者のライフストーリーについて、各自が私より詳しくなること」。結果、学生ガイドは自分が担当した体験者を中心に話をするようになる。つまり、東京大空襲展は六回（私のガイドを入れたら七回）学べる展示になっている。以下、展示やガイドの内容をいくつか挙げよう。

満州事変の年に生まれた竹内さんは、三人の中で唯一、尋常小学校と国民学校の両方を経験しているが、その話を聴いた学生は、その違いに注目し、国民学校に変わってから集団登校や授業に行進が増えたことを紹介する。また、竹内さんは高等女学校時代に薙刀《なぎなた》を習っていたが、当時カッコイイと思って楽しく教わったと紹介する。国民学校一期生だった李さん担当の学生は、当時李さんが予科練に行きたくてそれを父親に告げたら殴られた話、学童疎開に行きたかったけど行けなかった話、いったん縁故疎開した李さんを両親が呼び戻し、死ぬ時はみんなで死のうと父親が言った話を紹介する。空襲時に国民学校二年生だった二瓶さんの話を聴いた学生は、学年が低いためか過度に暴力的な教育は受けなかったという話や、学童疎開に行かなかった話（学童疎開は三年生から）、卒業式のために疎開から戻ってきた近所の友だちと三月一〇日前日に遊んだが、その友だちが空襲で亡くなってしまった話を紹介する。体験者の話には、まだまだ興味深いエピソードがたくさんあるのだが、紙幅の都合で紹介することはできない。もう一つだけ挙げるとすれば、防空壕の話が興味深かった。

東京大空襲展と学生ガイドの様子

下図は実際に展示で使ったものである。三人の防空壕の話を聴いて、イラストの得意な学生が作成した（ただし竹内さんの防空壕に関しては、入口が横にあり、防空壕の屋根や壁の下には土が盛られていたと、後日、本人が指摘した）。同じ城東区に住んでいた人たちでも、防空壕の形がぜんぜん違うことがわかる。城東区の場合、海抜ゼロメートル地帯なので地下に掘ることができなかったと多くの体験者が言うが、二瓶さんの防空壕は膝くらいの高さだけれど一応掘られていたと言う。竹内さんの防空壕は板でつくられ、屋根には土が盛られていた。二瓶さんの防空壕は土で盛られ、土嚢で補強されており、三人の中では比較的しっかりした防空壕のように見える。明らかに簡素なのが李さんの防空壕で、板（トタンかもしれないとのこと）でつくられ、しかも入口は布であり、風が強いと火の粉が入ってきたと言う。三月一〇日は一瞬防空壕に入ったが、危険を感じて、すぐに他に避難したらしい。防空壕に入って助かった人もいるが、立派な防空壕に入っても死んでしまう場合もある。二瓶さんの場合、防空壕にいったん避難したが、父親の指示に従って他に避難し助かった。一方で、その防空壕に避難した別の家族は、蒸し焼きになって亡くなった。三人の体験者が東京大空襲展を観にきた時、二瓶さんは李さんの防空壕を見ながら、「これなら家にいたほうが安全だわね」と言った。体験者が驚くほどの防空壕だったの

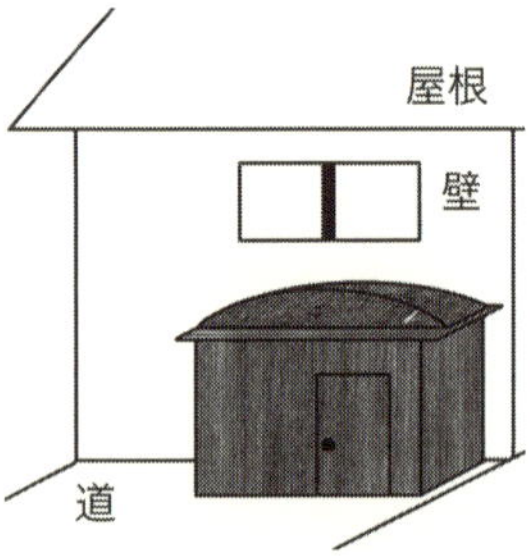

竹内さんの防空壕

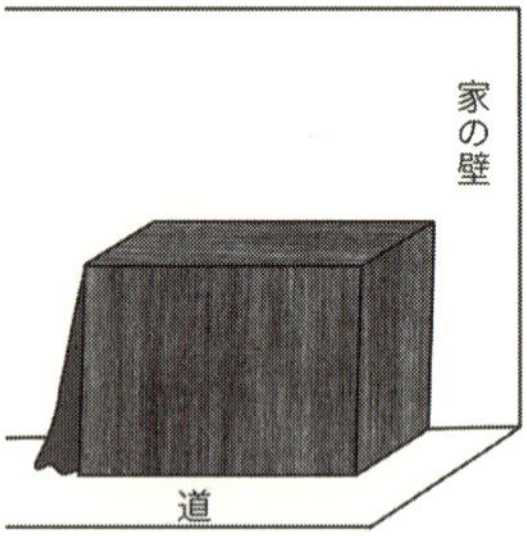

李さんの防空壕

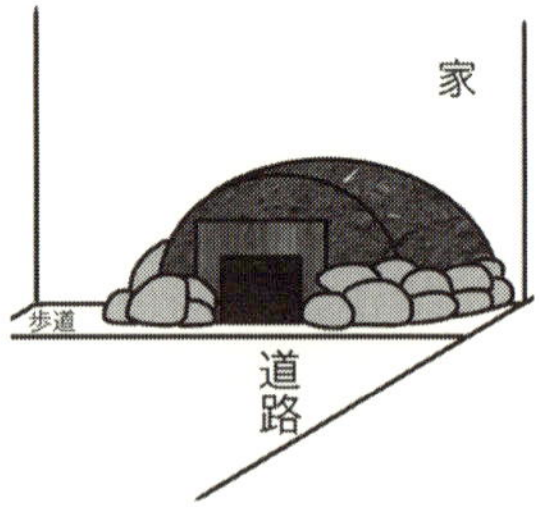

二瓶さんの防空壕

である。これも体験の違いが顕著になった事例である。

4 大学生が考える学び方、伝え方

二〇一七年四月一七日に、実行委員会のメンバーで企画展の振り返りをおこなった。佐倉さんは感想で次のように述べている。

私は授業を受けた時の東京大空襲の話は、あまり気にしてなかったというか、そういうことがあったんだって感じだったんですけど、実際に空襲展にたずさわっている時は、三月一〇日に空襲が起こって、それは夜中に起こったことで、防空法とかいろんなことが合わさって、たくさんの犠牲者を出したんだってことを知って、あと実際に体験者の方のお話を聴いたから、実際にあったことというか、もっと近く考えられたような気がしました。

「授業を受けた時」というのは大学での講義であるが、それよりも体験者に話を聴いたこと、また展示制作の過程で東京大空襲及びその前後のことを自分で学んだことで、東京大空襲が「実際にあったこと」として「もっと近く」に感じられるようになった。そもそも、東京大空襲について中高の教育で学んだ記憶がないという学生は多かった。しかし大学の講義（私の！）でも、一方的に聴いているだけでは印象が薄い。学生にとって重要だったのは、体験者の話を東京大空襲の前後の歴史に位置づけて、それを他人に伝える（またはそれを想像する）という、インプットとアウトプットの営みである。体験者の話を直接聴いた経験を特別に感じている学生は多い。その一人、瑞江さんは次のように言う。

本当に死にかけて九死に一生を得た人の話を聴けるっていうのは体験しているからこそ。授業とかで習うような一辺倒のことじゃなくて、実はこういうふうに言われているけど、私の時はこうだったのよみたいな補足というか、プラスして聴けたりするっていうのは普通に興味深い。授業だったら、だいたい教科書とか、検索すれば出てくるようなものだからそれはあんまり……。わかんないといいや、後でネットで調べればってなっちゃう。でも体験者の話はググっても（ググる＝Ｇｏｏｇｌｅで検索すること）出てこないから、その人じゃないとその人の人生は聴けないから……。体験者に会うっていうのもそうないんでって思ってるだけで、意外と近くにいたりするんですけど、ちゃんと話をして相手をして下さる人っていうのはそういない。つらい体験だから話したくないって人は結構いると思うし……。それを話してくれる体制が整っている（戦災資料センター）っていうのはあんまりないかなって思った。

瑞江さんは、授業と比べて「ググっても出てこない」体験者の話を特別なものとして受け止めている（私の講義は「ググっても出てこない」話のつもりだが……）。教員に対して瑞江さんはこうも言っている。

先生たちの話、眠くなるんですよ。先生たちはすごく学んでいて、知っているからこそ、体験していないのにまるで自分が体験しているかのような喋り方をするのが自分的にはちょっといやだなって……。テレビとかでも専門家はああだこうだ、これはこうあるべきだ、みたいに。でもあなたは体験してないのによく絶対間違ってないって言えるなって、学んでいても絶対偏っているところはあるはずなのに。コレが絶対！　自分の考えが正しい！　みたいな威厳がありすぎるところに自分の中では引っかかる……。

私が威厳ある話し方をしているかはさておき、断定的に講義する内容に対して不満があるのではないだろうか。おそらくは、講義を聴いて、それが理路整然としたものでも、単純に受容するだけの情報では学生は満足しない。学生は考えたいのだ。空襲体験者の個別の体験は千差万別で、先述のように焼夷弾の落ちる音や防空壕一つとっても違いが生じる。その異なる経験が、教科書的な「一辺倒」な情報から得た知識を攪乱させ、空襲について考えさせるきっかけになるのだと思われる。

また、瑞江さんは、会うきっかけがないだけで体験者は「意外と近くにいたりする」のではないかと考え、「つらい体験だから話したくないって人は結構いる」のではと推測している。東京大空襲展でインタビューした三人だけではなく、他の体験者を想像するのは重要だ。なぜなら、三人の体験を聴いただけで空襲をすべて語ることはできないが、全員の体験者の話を聴くことは不可能だからである。特に死者の声は聴くことができない。他の体験者に想いを馳せることは、この理解でいいのかと、多数の生き残った人や死者を想定しながら（と対話しながら）空襲について深く考えることにつながる。

また、体験談を聴ける「体制」の重要性を指摘している。これは、戦災資料センターでの（他の平和資料館などでも）体験講話に大学生は関心があることを表しており、大学と博物館・資料館の連携について考えさせられる。ただし現在、冒頭で述べたように、体験者不在時に博物館・資料館はどのように戦争・空襲体験を伝えることができるのかという課題に直面している。それに関連して、南さんは次のように言う。

　参加して思ったのは東京大空襲の体験者の高齢化で、いずれ非体験者のわれわれが語っていかなければならない時代になる。だから、今回の展示は体験者の方からいっぱい情報をもらって非体験者のみんなに発信する。何ですかね、架け橋的な存在の展示になったのかなっていうのが良かったなって思うし、そういう体験って大学でぼんやり過ごしていたら絶対できないと思うので、参加して良かったなというのが素直な感想です。あと、体験者からいっぱい情報をもらった知識はあっても、体験していないわれわれが語る、語りの展示じゃないですか。それを語るのが本当に私は難しいなって感じていて、ガイドが得意な方ではないので、そこがちょっと不安になりましたね……。

南さんは空襲を学んだことよりも、自分たちの活動を体験者と非体験者の「架け橋」として位置づけ、そこに意義を見出している。また、体験者の語りを「体験していないわれわれが語る」困難さも指摘している。その困難さをどのように乗り越えていけるのだろうか。それに関しては、市原さんが次のように語っている。

　いろいろ考えたのが年齢で、子どもが体験談を話しているのと、私たちが話しているのとどっちが親身になって聴けるのかなって考えた時に子どもかと思ったんですね。それが多分政治性もないし、偏見もあんまりないからなのかなって思いつつも、子どもだって大人の手先になれるわけじゃないですか。わかんないなって思ったんですけど……。多分、何ていうか、道具になってないなって見せるのが大事なので、体験者の顔が見えるとか、映像を使ったりだとか、こういう話をちゃんと聴きましたっていう全文掲載だとか、意思を継いでますよ、顔がありますよ、私たちはちゃんと継いでますよっていうのを見せるのが大事なのかなって思います。悲しかったでしょうとか、私はこう思うからこう伝えたいのよとかよりかは、ちゃんとこの人の想いがありますっていうのを見せた方が良いのかなって……。

市原さんが子どもと大人を対比するのは、子どものほうがピュアだから良いという主張だと思う。その後で、子どもは「大人の手先」になるとして自分の考えを否定しているが、そもそも子どもはピュアではなく、主体的に政治的な判断・行動をしている。私が戦災資料センターで働いている時に来館した小中学校の団体がよくおこなうのは、体験講話後の生徒代表による平和宣言である。その時に発せられる言葉は、多くが前もって学校で用意してきた言葉であり、体験者の話をふまえたものではない。そして、「これから体験者の話を伝えて、平和を大切にしていきたいです」というような紋切り型の言葉で締めくくられる。このような言葉は、生徒自身で考えたものだとしても、親や学校の先生などを念頭に置きながら、「大人はこういう解答が好きなんでしょ?」というきわめて政治的な判断から導き出されたものではないだろうか。

市原さんは、「政治性」・「偏見」をもって非体験者が体験を語ることに対して批判的である。空襲体験者自身は「大人」であり、ピュアではなく「政治性」も多分にあるが、その点はさておき、市原さんは非体験者が体験を語る時に、語り手自身の政治的な主張のために体験者の体験が簒奪されることを懸念しているのではないか。「体験者の顔」、「話」、「意思」、「想い」を伝えることが重要で、「私はこう思うからこう伝えたいのよ」という主張や、お涙頂戴的な話は学生にとって好ましくないようである。これは体験者の話が学校の授業よりも興味深く感じることに通じるのかもしれない。自己の主張のために下手に体験者の体験を切り取ることは、空襲を教科書的「一辺倒」な歴史像に狭めることにつながるということではないだろうか。

しかし、体験者であれ非体験者であれ、「政治性」抜き、主張抜きで体験談を語ることはできない。体験を非体験者が伝える際に、体験者から聴いた話の「全文掲載」という荒業は物理的には不可能ではないかもしれないが、はたしてそれは直接聴いた時と同じものを他人に響かせることになるのだろうか。

大学での東京大空襲展を終えたところで、実行委員会は解散する予定だったが、学生は今後も空襲について調べたいと言ってきた。そこで実行委員会は「東京成徳大学・空襲研究会」に名称を変更し、活動することになった。最初に戦災資料センターにインターンシップにきた学生二人が抜けて、新しく一年生が入り、計五人の研究会である。空襲研の次のテーマは、キャンパス近くでかつてあった「米本空襲」に決まった。身近な歴史を調べたいとテーマを選択したようである。もう一つ、戦災資料センターの二〇一七年夏休み企画では、東京大空襲展で取り上げた、李さんの空襲体験を非体験者（学生）が語る試みをおこなった。その内容は紙幅の都合上述べることはできないが、非体験者による空襲体験者の継承のあり方を志向しての試みである。

5 対話をくり返す

本稿では平和資料館と大学教育の二つの課題を底流に、空襲研ができるまでの活動を紹介した。前者の課題は、戦争・空襲体験者からその体験を非体験者はどのように伝えることができるのか。後者は、学生が過去のできごとに関心をもつにはどうすればいいのかという課題である。まずは後者から考えてみたい。

戦争・空襲の講義で、死者数や焼夷弾の数、焼失地域の広さなどのデータを一方的に提示したとしても、学生が抱くもともとの戦争像を揺さぶることにはつながらない。その戦争像とは、多数の死者、抑圧された社会、理不尽な命令、戦争の悲惨さといった漠然としたイメージである。それは遠く離れたできごとであって、「今の時代は平和でよかった」と確認し、もう起こりえないものとして切り離される。「戦争の悲惨さは知っている。でも、それは昔の話でしょ?」と。

今回、東京大空襲展を開催するにあたり、学生が自分たちで調べるようになったのは、空襲体験者へのインタビューがきっかけである。空襲時だけではなく、一人ひとりのライフストーリーを聴くことで感情移入していく。体験者への感情移入は、戦争を知らない人たちには不可能だと思われがちである。しかし、多くの体験者は四六時中空襲から逃げ回っていたわけではなく、例えば学校生活があり、そこには好きな先生や嫌いな先生がいる。面白い授業やつまらない授業がある。その感覚は、生じる背景が異なっていても非体験者は共感しやすい。共感からその人のライフに興味を持ち、次に違いに興味を持ち、その背景を調べて、時代に位置づけていく(歴史化する)ようになる。まずは共感が大事だ。

インタビューした個々の体験を歴史化するうえで重要なのは、他人に伝えるのを意識することである。それに関しては、展示が有効な手法の一つである。第三者に伝えるには、この説明でよいのか、そもそも自分のこの理解は正しいのか、体験者のライフストーリーとその時代のできごととを何度も往還せざるをえない。その往還を通して、戦争像は具体的なイメージで形成されるようになる。

以上、つきつめれば、本学生にとって重要だったのは体験者との出会いと展示制作である。その際、体験者とコンタクトをとったり、展示のあり方を学べるのは資料館・博物館である。今回の私の実践は、前の職場である戦災資料センターを利用して場当たり的に展開したが、本来ならば、学校教育と資料館・博物館の連携を想定したカリキュラムをつくっていくといいだろう。その資料館・博物館の課題として、最初に述べた課題がある。すなわち、戦争・空襲体験者の体験談に魅力があるだけに、ではその話を聞けなくなったらどうするか、という課題である。

現在、各地の平和資料館が取り組んでいるこの課題については、これといった名案が見つからない。ただ、体験者の声を聴ける時代にできるだけ聴く必要があり、聴いた人が聴けなかった人に語ることしかできないのではないか。問題はその語り方であるが、学生の声に耳を傾けてみると、戦争の悲惨さや平和の大切さへの主張が強すぎる語り、そのために体験者の体験が雑に扱われているような語りに対しては抵抗があるようだ。また、体験者自身の想いを大切にしたい気持ちを学生は抱いている。そうであれば、その想いを確認するうえでも、体験者に対して体験を語ってもいいのではないだろうか。「あなたの体験をこのように聴いたが、このような伝え方でいいのだろうか」と。体験を語る人と、体験を聴いたことのない人。双方がいる時代に、体験を聴いたことのある人が双方と対話をくり返すなかで、体験を継承するための方法を検討していくことが、「今」できることの一つだろう。

COLUMN

館山まるごと博物館

河辺　智美

エコミュージアム

逆さ地図を見ると、房総南部の安房地域は、弧を描いた日本列島の頂点に位置しています。古くから海上交通の要衝として世界とつながり、軍事拠点としての戦争遺跡群や中世城跡群が多く残っています。また違う視点で見直すと、〝平和・交流・共生〟の地域像が見えてきます。

地域教材を活かした授業づくりから、市民の生涯学習まちづくりに発展し、NPO法人安房文化遺産フォーラム（以下、NPOフォーラム）が誕生しました。学校教育や社会教育を支援するスタディツアーガイドをおこない、地域のコーディネーター役となって多様な連携を図り、市民が主役となるような「館山まるごと博物館」のエコミュージアム活動を実践しています。

エコミュージアムとは、地域全体を博物館と見立てて、学習・研究・展示・保全などの市民活動を通じて、魅力的な自然遺産や文化遺産を再発見し、活性化を図るまちづくり手法のことです。一九七〇年代のフランスで提唱され、世界中で取り組まれていますが、日本では先進事例の山形県朝日町や香川県直島などと並び、NPOフォーラムの「館山まるごと博物館」が国内外から注目されています。

戦争遺跡と平和学習

館山市内には四七か所の戦跡が確認されており、その評価は全国的にも貴重なものが多くあるといわれています（別表）。長年の保存運動が実り、二〇〇四年に館山海軍航空隊赤山地下壕跡が平和学習拠点として整備・公開され、翌年に市指定史跡となりました。戦争末期の建設という説もありますが、赤山のそばで生まれ育った元館山市教育長の高橋博夫氏は「日米開戦前から掘り始めていた」と明言して

館山市内の戦争遺跡の評価

Aランク	近代史を理解する上で欠くことができない遺跡	18
Bランク	特に重要な遺跡	13
Cランク	その他	16
合　計		47

います。全国に先駆け、専門部隊によりモデル的につくられたものと推察されています。

　東京湾口部の館山は、幕末から砲台が建設され、アジア太平洋戦争に至るまで戦略的拠点とされました。館山海軍航空隊・館山海軍砲術学校・洲ノ埼海軍航空隊が開かれ、航空技術の開発や訓練地としても重要な役割を担い、加害の一翼を担っていきました。戦争末期には本土決戦に備えて約七万人の兵士が投入され、陸海空の特攻基地や陣地など軍備強化が進められました。食糧増産のため農民には花作り禁止令が出され、花畑や種苗は焼却が命じられましたが、心ある一部の農民は命がけで種子を守った実話があります。

　敗戦直後の館山には米占領軍が上陸し、本土で唯一「四日間」の直接軍政が敷かれています。これは戦後処理の試金石としてのモデル占領だったのではないかと推察されています。

「平和の文化」

　NPOフォーラムでは、「平和の文化」を活動の理念としています。「平和の文化」とはユネスコが提唱した概念で、あらゆる生命を傷つけたり奪ったりしない、そのために争いや対立を暴力によらず、対話によって解決していくという考え方や行動様式、価値観と定義されています。国連は、二〇〇〇年を「平和の文化国際年」とし、翌年から「世界の子どもたちのための平和の文化と非暴力の国際十年」と設定しました。

　ユネスコやユニセフを通じて「平和の文化」を世界中に広めようとした矢先、アメリカ同時多発テロ事件が起き、「平和の文化」は風前の灯となってしまいました。これを懸念した元ユネスコ平和の文化局長D・アダムスは、「平和の文化」を社会に実現するには、ピースツーリズムをはじめとする平和産業の創出が急務だと訴求しました。

　「館山まるごと博物館」のピースツーリズムは、戦争遺跡ばかりではありません。一六二四年建立の

「四面石塔」には、朝鮮ハングル・印度梵字・中国篆字・和風漢字で「南無阿弥陀仏」と刻まれており、秀吉の朝鮮侵略の戦後処理として、拉致被害者の戦没供養と平和祈願をこめたものと推察されています。

関東大震災で館山はほぼ壊滅しましたが、官民一体になって安房郡震災復興会を組織して支え合い、不安と失望に満ちた人びとに安心を与えています。被害状況や復興のあゆみを記録した『安房震災誌』によると、安房郡長は東京の朝鮮人騒ぎの噂を打ち消し、「朝鮮人を怖れるのは房州人の恥」「恐怖しているだろう朝鮮人を十分に保護すべし」と掲示し、郡内では事件が起きなかったといわれています。

戦時下の安房水産学校（現館山総合高校）では、金属供出令が出たとき、教員らが初代校長の銅像を石膏で型を残したおかげで、戦後に再建しています。元は長崎平和記念像の製作者・北村西望の作品であり、蘇った銅像は館山の平和記念像といえるのではないでしょうか。

「館山まるごと博物館」では、加害と被害の両面だけでなく、「平和の文化」を多面的に学ぶことができ、学習素材がふんだんなフィールドです。

漁村のまちづくり

青木繁が、布良《めら》という漁村の小谷家に滞在し、重要文化財の「海の幸」を描いたのは一九〇四年です。かつてはマグロはえ縄漁で栄えていましたが、近年は水産業の衰退に伴い少子高齢化が進み、小学校が統廃合となりました。小谷家住宅（館山市指定有形文化財）を保存し活性化を図るために、NPOフォーラムはコミュニティ委員会と協働で「青木繁《海の幸》誕生の家と記念碑を保存する会」を設立し、漁村のまちづくりに取り組んできました。

一方、全国の著名な美術家もNPO法人青木繁「海の幸」会（大村智理事長）を組織して巡回チャリティ展を開催し、自治体はふるさと納税で「小谷家住宅の保存活用事業」を選択できる寄付制度を整えました。一〇年にわたる官民一体の連携により約五〇〇〇万円の基金を創出し、小谷家住宅は修復を経て、青木繁「海の幸」記念館となりました。

この経緯において地元住民とともに漁村や小谷家の歴史を調査し、さまざまなことが明らかになりました。当主の小谷喜録は、村議や要職を歴任し、帝国水難救済会布良救難所の看守長でもあり、明治の国策として進められていた遠洋漁業は敵情視察を兼ね、水難救済は沿岸警備を担っていました。青木の滞在は日露戦争時であり、海軍望楼や水雷艇停泊地でもある軍事拠点の布良で、若い画家が自由に絵画制作できたのは、小谷家の理解と支援が大きかったと思われます。

富崎村には神田吉右衛門という人物が村長となり、アワビ漁を村営化し、共有財産で道路や漁港の整備、病院や学校の建設などをまかない、全国の模範的村政が実践されていた時期がありました。当時、内村鑑三は水産伝習所（現東京海洋大学）の教員として実習引率で布良を訪れた際、神田村長に出会ったことで、人生の転機になったと自著に記しています。

こうした先人の姿を知ることは、市民の誇りを蘇らせ、まちづくり活動への原動力につながっています。

安房高等女学校木造校舎を愛する会

女子教育として県内二番目の歴史を誇った安房南高校は、創立一〇〇年目に安房高校との統合により閉校となりました。一九三〇年建築の旧第一校舎は、左右対称に大きく羽を広げた白鳥のような外観に、各所に美しい装飾が施された和洋折衷の県指定有形文化財です。

一〇年間使用されていないことを懸念したＮＰＯフォーラムの呼びかけにより、市民有志による草刈や掃除と話し合いが重ねられ、二〇一七年秋、安房高等女学校木造校舎を愛する会が発足しました。「館山まるごと博物館」のまちづくり拠点として永続的な有効活用ができるよう、会員を募って意見交換しながら催事等の企画を検討しています。

エコミュージアム活動で最も重要なことは、住民が自ら地域課題をよく理解し、暮らしやすい地域の将来像を描くことだといわれています。「館山まるごと博物館」では今あるものを活かしながら、持続可能な地域社会を創造するヒントを見出していきたいと思っています。

TABLE TALK

若手教員座談会

僕らの授業は加藤公明ゼミでの学びから始まった

今回の座談会に集まったのは、加藤ゼミを立ち上げた、教師生活三～五年目の若手教師です。加藤ゼミでの学びを振り返り、そこでの経験がいまの教師生活でどのように活かされているのかを中心に話し合いました。そのなかで現場の社会科教師の悩みも語られ、ゼミ生だけが知っている大学教師としての加藤公明も論じられました。進行役は大学二年生の時に加藤先生に出会った私、高嶺直己が務めました。座談会当日は加藤先生も同席しています。

二〇一二年、東京学芸大学教育学部に高校日本史の討論授業「考える日本史授業」で広く知られている加藤公明先生が特任教授として着任しました（任期は二〇一四年三月まで）。加藤先生が担当された春学期の授業「社会科教育実践史」で討論授業を知った僕たちは、こういう授業があるのかと衝撃を受け、社会科＝暗記という自分たちの社会科授業観が、いかに狭く、浅いものであったかを痛感することになりました。

東京学芸大学のゼミはすべて自主ゼミで、学生と教員の主体的な意思によって開設・運営される仕組みになっています。加藤先生からの誘いもありましたが、もっと加藤実践について知りたい、授業のみならずゼミという場でも社会科教育実践をもっと分析したいという僕たちの熱い思いが最終的に「加藤ゼミ」を誕生させました。

〈出席者〉
❶勤務地・校種　❷生年　❸私の一押しの加藤実践

高嶺　直己

❶横浜市・中学校　❷一九九一年
❸「だれのための国体護持か」（『考える日本史授業２』）

岩﨑　圭祐

❶高知県・中学校　❷一九九三年
❸「偽りのアイヌ像はなぜ描かれたのか」（『考える日本史授業３』）

前田　大志

❶東京都・高校　❷一九九二年
❸「トラさんの生活に寄りそって律令制をとらえる」（『わくわく論争！　考える日本史授業』）

内田　圭介

❶神奈川県・高校　❷一九九〇年
❸「加曾利の犬の謎を追え」（『考える日本史授業２』）

はしごを用意してくれて、あとは自分の力で登ってね、みたいな感じ

高嶺　加藤ゼミでの活動で印象的だったことを、いくつか挙げるところから始めましょうか。

内田　僕が参加したのは、加藤ゼミができたばかりの頃。普段のゼミでの時間に加えて、加藤先生から卒論指導を受けたことが大きかった。卒論のテーマは「公民的資質の育成を可能にする高等学校の歴史教育とは――加藤公明『考える日本史授業』実践の分析を通して」だったんだけど、加藤先生が実際に行なった授業の実践記録を、その授業の実践者である加藤先生のもとで分析することができたのはありがたいことで、加藤実践をきわめて具体的に分析することもできた。

　加藤先生は啓蒙先生という感じ。独裁者では決してない。ボールを投げかけてみて、こっちがどう考えるか、みたいな感じだった。自分の判断を押し付けるのではなく、こう分析してみたら、みたいな感じでアドバイスをくれる。こっちが一回考える余地を与えるって感じかな。それですごく

自分は勉強になった。いろんな研究会で実践報告を聴いたり、社会科授業の実践記録を読んだりしても、それらを分析的にとらえることができるようになったと思う。加藤ゼミで実践を分析する力は身についたと思う。

前田　たしかにゼミって、どうしても先生が最終的にありがたい話をして終わることが多い気がする。それはそれで勉強にはなる。だけれども、加藤ゼミで勉強になったのは自分たちで考えるということ。学生の主体性ということを、加藤先生はゼミで大事にしてくれていたんだと思う。社会科の授業を分析するのも先生の手を先に借りるのではなく、自分たちの責任でやる。社会科の授業開発も、ゼミ生が主体的に取り組んできたよね。

加藤ゼミで一番印象に残っているのは、成田龍一先生（日本女子大学）と黒川みどり先生（静岡大学）のゼミとの「合同ゼミ」。そこで僕たちは、社会科教育のねらいは「市民的資質」の形成、つまり「国際社会に生きる民主的、平和的な国家・社会の形成者になるために必要な知識・技能・態度」を育むことであり、このような力を育むために、歴史の授業も考えていくことが望ましいと発表した。そうしたところ、成田先生からは社会科教育の目的とされる「市民的資質」の「市民」って何なんだ、という前提をくつがえすような根本的な問いかけをされた。

それから、教科書をどう考えるかという議論のときに、歴史学を専攻する学生と社会科教育学を専攻する学生の視点の違いも感じたよね。歴史学の学生は、歴史学の新しい成果がちゃんと反映されているのかに着目していたけど、僕たちは、子どもが共感をもって読むことができるか、主体的に歴史を考える授業をするために使いやすいか、「市民的資質」の育成につながる記述か、そういう観点から教科書を分析したんだよね。

この問題は今でも考えさせられるね。お互い譲れないところがあるんだなという感じも記憶に残っているなあ……。

高嶺　成田先生が問うたのは、社会科教育のねらいを「市民的資質」とするとき、どういう市民を僕たちは思い浮かべているのか、設定しているのかという「市民」像についてだった。僕たちが前提としていた「市民」も歴史によって形づくられており、今の支配的な社会の価値意識にその「市民」像は規定されているのではないか。そして、そのことに対して僕たち社会科教育学を学ぶ人びとは無自覚なのではないか、という問題提起だった。

合同ゼミから一年後、加藤ゼミの後輩にあたる熊井戸綾香さんたちは、「ろう者」を社会科ではどのように教えるのかという授業を開発することになる。市民社会から排除された人びと、「市民」になれない人はどうするのかという成田先生への応答だよね。熊井戸さんたちは「ろう文化宣言」を題材にして授業をつくったんだけど、それに基づいて加藤先生は大学の社会科教育法の時間に実際に授業したんだよね。ゼミ生の指導案で加藤先生が授業をするっていうのは画期的だよね。

岩﨑　合同ゼミ以外にも、加藤先生は学生にたくさん発表の場を用意してくれたよね。加藤先生が代表を務めていた千葉県歴史教育者協議会の集会や勉強会でも発表したよね。歴史教育者協議会の全国大会をはじめ、各種の研究会や集会で発表してくれって頼まれて、発表しますって抵抗なく言えるのは、大学のときに発表する機会をもらえたからだと思う。発表する以上、それなりの仕上がりでなくてはならない。そのために、ゼミ生みんなで頑張っていたというのは印象に残っている。

高嶺　たしかに、いろいろなところで研究発表をした。当時、法政大学で社会・地歴科教育法を教えていた和田悠先生（現在は立教大学）の授業にも、加藤実践をあつかっているというので乗り込んでいって研究交流したよね。こうした研究発表のときでも、学生の自主性を加藤先生は重んじてくれる。はしごを用意してくれて、あとは自分の力で登ってね、みたいな感じって言えばいいのかな。自分たち自身でやっていくんだという気持ちも強くあったし、それが自分のためになるという感覚もあったから頑張れた。

ゼミのみんながいてくれているから頑張れる

高嶺　では続いて、こうした大学での加藤ゼミの学びが今の教師としての教育活動にどうつながっているのか、発言をお願いします。まずは岩﨑さんから。

岩﨑　加藤実践をけっこう追試しています。追試といっても、加藤先生の授業をそのままやることはできていないんですけど……。

加藤先生は東京学芸大学の教員をしながら、一年間、千葉県の薬園台高校で日本史を教えていたんだよね。それで、加藤先生の高校での授業を見にいった。昼休みに一人の女子生徒が僕たちの控室にわざわざきて、加藤先生の授業が面白くて自分も先生になりたいと言ってきてくれたよね。こんな生徒が自分の教えている授業のなかから出てきたら、面白いよね。岩﨑先生の授業はこういうところが面白いと、生徒から言われるようになることは目標にしている。

それから、加藤先生は自分の授業で、生徒たちが自由に感想を書きこめる「授業ノート」を回しているじゃない。僕もそれをまねて「社会科交換ノート」をやってみたんだけど、それが想像以上に面白い。子どもが「今日の授業は〜」みたいなことを書いてくれる。こうした子どもの授業への反応に励まされるよね。

加藤ゼミの流れで歴史教育者協議会の全国大会も参加しています。二〇一七年八月の神奈川大会では、中学校の分科会に足を運んだんだけど、大阪の平井美津子先生や北海道の平井敦子先生が「為政者の視点の歴史じゃなくて、民衆の目線に立たないと」という論を展開していた。歴教協の大会に集まってくる先生たちの真摯な姿に感化されたんだと思うけど、いま自分が担当する地理では、ルポルタージュを教材にして民衆の視点を重視したチリの授業をやってみた。トランプを支持しているアメリカ人、日本にきている難民の人たち、シリアの難民たちを実際に取り上げた授業は、子どもからの評判もよかった。子どもが共感をもって社会科を学ぶのに、民衆の視点は大事だと、あらためて思いました。

前田　子どもが授業にのってこないとき、先生のなかには、とかく子どものせいにしがちな人もいるけど、もう一度自分の腕を見直してみるという視点を加藤先生に与えられたことが一番大きい。子どもの興味関心に沿えているか、子どものためになる授業か。自分の授業を振り返る姿勢を、加藤先生や加藤ゼミから学びました。歴史教育者協議会や日本社会科教育学会といった民間教育運動や学会にも足を運び、社会科教師として学び続けているのは、加藤ゼミでいろんな人に出会い、刺激を受けることで自分が成長することを実感してきたからだと思っています。

あと生徒指導について。加藤先生は生徒指導において子どもにルールを押し付けるのではなく内面化させることが大事だって言っていたけど、僕も本当にそう思っていて……。ルールを押し付けると反発を受けることも多くて、なんでそのルールがあるのかとか、なんでそのルールを守れないのかということを生徒と話していかないといけないなと思う。広く教員としての姿勢を加藤ゼミで教えてもらいました。

高嶺　生徒がルールを受けつけない理由っていうのかな、そのルールに従えない事情が生徒にはあったりするわけで、ルールを押し付けることはその背景を探らず無視するという感じだよね。自分に余裕がなかったりすると、生徒に決まりごとを一方的に押し付けちゃうことあるなあ。この点で加藤先生には、討論授業の鮮やかな手つきとは違う、懐の深さというものがあるよね。

内田　これまでの話と重複するんですけど、授業に対して手を抜いたときの罪悪感は半端ないんですよね。あーあ、みたいな。生徒の意欲が一気に落ちる。ちょっとでも授業を工夫して、なんとか成果を出さないと、まずいよなあって。学習が振るわない生徒を見たとき、すごい危機感を覚えることがあるんだけど、自分の授業のほうに危機感を覚える感覚自体が加藤ゼミで身につけたことなんだと思う。

この感覚がなければどんなに楽な教員生活だったのかと思うことも、よくある。自分を律する足かせを、大学卒業したときに装備されてしまったっていうか……。あとは、ゼミのみんながいてくれているから頑張れる。こんな授業をやっていてはまずい、置いていかれる。そう思って自分は頑張れている気がします。

高嶺　追試がいかに重要であるかというのは、初任者研修のときに痛切に感じたよね。指導書に書いてあるとおりに授業をするのは抵抗があるし、なんか嫌だった。でも授業を全部ゼロからつくるというのも、すごく大変。一年目の最初は、意地になってでも全部自分で授業をつくるぞということでやっていたけど、やっぱり夏くらいから苦しくなってきた。そこで、夏休みにいろんな実践集を集めて、それらを追試するようになった。そしたら「なんか先生、授業変わったね」と子どもに言われて……。追試をするって大事なことだと、そこで実感した。授業に困っている先生にも、ぜひおすすめ。自分もこれから興味深い授業を実践して、他の先生とその経験を共有していくような好循環をつくり出したい。

もう一つは、授業を分析する視点。学校現場でPDCAサイクルっていわれていて、自分自身でも授業を評価しなければならないし、どういう改善策を出すのかも併せて考えなければならない。でも、そもそも授業を分析するのに、何をどう分析したらよいのかは、実際にそれを経験しないとできっこないよね。

加藤ゼミでよかったなあと思うのは、授業を分析するのに、この実践のどこが好きなのか、どういうところが良いのかを徹底的に考えたところ。それと関係すると思うんだけど、加藤先生が僕たちに課したレポートで、「あなたが教師として何を大事にしたいと思うのか、一般論ではなく、あなた自身が何を大切にしたいのか」というのがあった。このレポート課題は、自分自身を解きほぐして、自分を成長させるために何が必要かを見つめ直す作業になっていて、自分の個性を育むことにもつながっていた。加藤先生は、子どもが歴史を考える際の個性・主体性が大事だと指摘しているけど、教員にとってもとても大事なものだと思うんですよ、個性・主体性は。そして、教師としての個性・主体性というのは固定的なものではなく、出会った実践を分析して「こういうところが良い」と考える点を取り込むことで、より良いものへと変えていけるんだと思う。

最後は教師の教育観なんじゃないかな

高嶺　社会科教師としての現在の悩みを教えてください。

岩﨑　ＡＤＨＤやＬＤなどの発達障害を抱えている生徒とか、ほかにも勉強できない生徒がいるよね。そういう生徒からは、例えば提出物などがちゃんと出てこない。でも、学校という場では「提出物をしっかり出せ」とか「自分のことをしっかりやる」とか言わないといけない。提出物をしっかり出させるような指導をする。そういうときに、「提出物を提出するのに、まだ終わってないのは自分の責任じゃないか」と、つい生徒に言ってしまう。でも、そうすると普段やっている社会の授業とのギャップを感じてしまう。

社会科の先生というのは、社会の事象を表面的にとらえるのではなく、その背景にある社会構造に目を向けさせるのが仕事。「みんなで頑張れ」みたいな根性論にならず、「はたしてそれは本当に自己責任なのだろうか」と生徒の意識に揺さぶりをかけるのが、社会科の先生のはず。でも、実際の授業で「ヨーロッパでは難民を受け入れるべきかどうか」みたいな話を始めると、勉強できる生徒もできない生徒も口をそろえて「自己責任でしょ」と言いはじめる。そんな発言ばかりが出てくる。そんなことを授業で自分は一言も発していないはずなんだけど、なんでかなと思って振り返ってみると、学校で何気なく自分が話していることのなかで、「何か問題が起きたら、それは自己責任だから」っていう価値観を植えつけているのかもしれないと気づき、怖くなった。

前田　それはたしかに。学校での日常的な生徒との関わりと、社会科で大切にしたいこととの間にギャップを感じることはあるよね。例えば、身だしなみの生活指導とか、集団行動の指導で「右へ倣《なら》え」みたいなことをするときに、ほんとにこれは正しいの、これは軍隊じゃないのと思うことはあるね。

岩﨑　うちの学校では、クラスの全員が宿題をしっかりやれるようにと学級のなかで班をつくって、その班単位で宿題を提出させるシステムになっている。班のなかで宿題をやってこない人がいると、同じ班の生徒がその分の面倒を見ることになる。そうすると、宿題をやってこないのはその子の自己責任なんだから、なんで私たちが残って教えないといけないのかと言う生徒が出てくる。

加藤　その子が宿題をちゃんとやるように、班員として協力しなきゃなあと思わせるものは何なのだろうか。日ごろの授業のなかで、その子の意見や考え方がユニークで、なるほどなあと思う点があって、ほかの班員がぜひこの子の意見を聞いてみたいと思うような関係がなければ、連帯責任の軍隊のようになってしまう。

内田　その子がクラスのなかで活躍する瞬間を、どうつくるのかっていうことですよね。

高嶺　僕の悩みは、授業をどうするか。ようやく教科書の見開き一時間で面白い授業を計画できるようになってきた。南アメリカ州の地誌をやるとしたら、『母をたずねて三千里』のオープニングの映像を出して、ここはどこかと発問して景色に注目させてやろうとか、南アメリカ州の歴史では、ブラジルの日本人街にある牛丼チェーンやラーメン屋の写真から日本人の移民が多いことをつかませて、奴隷制と植民地の歴史の話につなげるとか。教科書見開き一時間の授業で使える面白いネタは、いろいろな実践集で紹介されている。でも、その単元全体で何を子どもに考えさせるべきなのか、単元全体の核になるテーマについては実践集に頼ることはできない。

加藤　最後は教師の教育観なんじゃないかな。最終的に何を身につけさせるか。考えさせるか。それをもつことが大事なんじゃないかな。一時間一時間の授業は面白いけど、何がわかれば南アメリカ州を理解したといえるのか、それについての教師の根本的な考えが大事。もちろん、そのためにも深くて広い教材研究が必要っていうことになるし、教師がもっている世界観もまた問われることになる。今の社会がどういう問題性をもっていて、どう解決していかなければならないのか、そのために生徒にどういう力をつけていかなければいけないかという。

僕は、大学では古代史が専門だった。近代史はよくわからなかったので、初任の頃は一時間一時間で教材研究をして授業してたんだけど、最終的に振り返って近代史全体で何をつかませたいかの見通しがなかった。その点で安井俊夫さんは、近代史を民権と国権という視点でとらえさせていた。国民一人ひとりの民権を尊重することが大事じゃないか、いや国全体のことや国力を増進させることもまた必要だ、と。このように生徒が歴史のなかに身を置いて真剣に考え、揺れ動いていくことが大事であり、それが主権者として中学生を育てることになる、というのが安井さんの考え方。そういう視点がその時の僕にはなかったので、目を覚まさせられた。
　現代史になると、教科書もまだ体系化されていないので年表的に書かれている。それを一つひとつ説明していても、現代とはどのような時代なのかはわからない。一方では豊かになりたいという流れ、もう一つは戦争はもう二度と嫌だという平和主義。その両軸で人びとは揺れているのではないか。そういう視点に立って教材や発問を考えていくことが大事なんじゃないかなあ。

〈高嶺のひとこと〉

　座談会を終えて、一番に感じるのは「社会科の教員としての自分の基礎は加藤ゼミで培われた」ということだ。大学を卒業し、実際に学校現場に出てみると、自分のなかに抱いていた「教員像」とは異なる現実と向き合わなければならないことが多い。日々の教科指導だけでなく、生徒指導や学級指導など、学校教育ではさまざまな活動が行なわれている。それでも、子どもと関わる時間のなかで最も多いのは授業である。どうすれば子どもたちを惹きつけられるか。どうすれば受け身ではなく主体的に考えるようになるか。
　気づくと私は、大学時代のゼミの資料を読み返したり、研究会へと足を運んだりしていた。授業から課題を具体的に見つけ、その解決のために資料を探したり、誰かと議論したりする。この今行なっている自分の行為こそ加藤ゼミの活動そのものではないかと感じている。今もこうして加藤ゼミは続いているのだ。

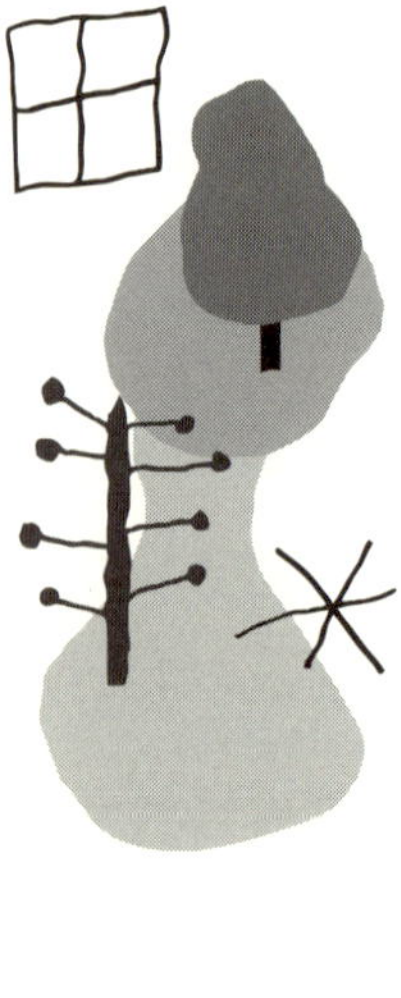

あとがき――終章にかえて

千葉県歴史教育者協議会（千葉県歴教協）で戦争・平和学習に関する本を出版しようというプロジェクトが立ち上がり、若手～中堅の教員や研究者などが集まったのは二〇一五年一月だった。以来、本のコンセプトをつくりあげる場を設け、議論を重ねるなかで、学校教育と地域での歴史実践との二つの柱を立てて、戦争を学ぶ、平和を学ぶとは何かについて考えようということになった。

これまで千葉県歴教協では、子どもが主役になる社会科を追求した授業実践記録や、千葉県の地域史を書籍として刊行してきた。だが本書は、前のものとは異なる特徴がある。その一番の特徴は、執筆者全員が若手～中堅と呼ばれる世代であることだ。若い世代が新しい視角からの平和の学びを創造し、提案することには大きな意味がある――そうした千葉県歴教協としての判断によるものだった。もちろん、知識や経験の面で未熟な点は大いにある。それは、平和を主題とした書籍という形で世に問う際には大きなリスクでもある。しかし、序章にもあるとおり、知識や経験の浅い世代であっても、平和学習を避けるわけにはいかない。教師が躊躇して萎縮し、結局教科書をなぞるだけの授業になってしまい、教師も子どもも平和について知ること・考えることを放棄してしまうとすれば、それこそ危機的な事態であるだろう。

本書の特徴をもう一点挙げるならば、授業実践の記録の部厚い叙述にある。現場教師にとってはエピソード集や、すぐに授業で使えるプリントなどに需要があることは、重々承知している。学校内の仕事はとても忙しく、授業の準備に十分な時間が割けない。次の一時間の授業をどうしようかと焦るときもある。そんな状況の中で、こうした授業実践の記録集はどのように役立つだろうか。

本書の各実践記録に書かれる内容は多岐にわたっている。教材だけでなく、発問に対する子どもの思考や、その思考を教師としてどう分析・評価するか、いまの子どもの歴史認識はどのようなものかも記載される。授業をつくる教師の思いも書かれる。それらを読むことは、一見遠回りではあるが、子どもの思考のとらえどころが具体的にわかってくるので、授業の中で子どもの言葉を拾いやすくなる。これはある種の「職人芸」なので、簡単には法則化や一般化ができない。だが、具体的な授業の過程と関わらせて、その「職人芸」を記述することはできるし、そうすることで執筆者の経験は広く社会に共有されることが可能になる。討論授業の経験が自分にはない、心配だと思われている方でも、本書の記述は授業展開が具体的に描かれているので、討論授業のイメージもしやすいはずだ。

本来、教師はクリエイティブな仕事なのだと思う。本書に載るような授業をつくるには時間がかかるし、どんな展開になるか先が見通せないことも多いだろう。そのうえ、自分の目の前にいる子どもたちに適切な教材を見つけるのは、それほど簡単なことではない。でも、それを見つけられるのは、その子どもを見ている教師が一番であると確信している。教師の個性と、目の前の子どもの個性が合わさって、授業はつくられていくからだ。ぜひ、子どもが主役になる授業をつくってほしい。本書がその刺激になるとすれば本望だ。

とはいえ、刺激になりえるものとなったかどうかは、はなはだ心もとない。本書で気になる点があれば御指摘をいただきたい。編集にあたっては、苦慮することも多かった。千葉県歴教協では授業実践と地域の歴史の掘りおこしの双方を有機的に追求してきた。本書の構成も、当初は両者を対等に反映させようとしていたが、残念ながら歴史の掘りおこしについては今回の掲載を見送った。また実践記録についても、編集の段階で断念したものが複数ある。それらも含めて世に問うことが今後の使命だと考えている。本書は若手~中堅教員・研究者からの一つの挑戦だとも言えるが、この挑戦はまだまだ継続していかなければならない。そういう意味でも、本書を広く手に取っていただくことを願ってやまない。

末筆ながら謝辞を申し述べたい。まず、千葉県歴教協の会長の椺澤和夫さん、顧問の加藤公明さん・三橋広夫さんには、さまざまな配慮をしてくださったことに御礼を申しあげたい。私が若気の至りで暴走することも多々あった。それでも力強く支えてくださったことで、どうにか刊行まで到達できた。続いて執筆者の方々に。勤務校で中心的な役割を担っている方も多数おり、忙しい毎日の中でも編者の書き直しに応えてくださった。あらためて御礼を言いたいと思う。

最後に、出版事情が厳しいにもかかわらず、本書のような実践記録集を刊行する決断をしてくれた、はるか書房の小倉修さんには、深く感謝したい。小倉さんとの出会いは私にとって大きな刺激だった。教師の取り組みを市民にも広く伝えなければならないとのアドバイスは、非常に説得力あるものだった。それは教師の仕事の説明責任とも言えるだろう。説明するには言葉が要る。従来の実践記録は教師に向けて書かれてきたが、今後は広く教育に関心を寄せる人びとにも伝わるようにしなければならず、それに応じた書き方をする必要があることに気づかされた。記して感謝したい。

二〇一八年一二月

渡辺 哲郎

執筆者紹介（編者を除く）

◆**各章**（一部コラム兼）

石上徳千代（いしかみ とくちよ） 1972年生まれ、牛久市立神谷小学校

三橋昌平（みつはし しょうへい） 1982年生まれ、千葉県公立小学校

板垣雅則（いたがき まさのり） 1974年生まれ、浦安市立舞浜小学校

髙橋珠州彦（たかはし すずひこ） 1974年生まれ、明星学園中学校・高等学校

鴇田 拳（ときた けん） 1979年生まれ、流山市立八木中学校

四十栄貞憲（よとえ さだのり） 1984年生まれ、千葉市立千葉高等学校

青木孝太（あおき こうた） 1985年生まれ、私立大東学園高等学校

松井延安（まつい のぶやす） 1976年生まれ、神奈川県立寒川高等学校

河辺智美（かわべ さとみ） 1991年生まれ、NPO法人安房文化遺産フォーラム

◆**コラム**

江連 崇（えづれ たかし） 1987年生まれ、名寄市立大学教員

笹浪美緒（ささなみ みお） 1987年生まれ、横須賀市立追浜中学校

大塩 達（おおしお いたる） 1991年生まれ、法政大学中学高等学校

田中 彗（たなか けい） 1986年生まれ、東洋英和女学院小学部

◆**インタビュー**

小笠原強（おがさわら つよし） 1979年生まれ、専修大学文学部兼任講師

大竹米子（おおたけ よねこ）／**平形千惠子**（ひらかた ちえこ）

◆**座談会**

高嶺 直己・岩﨑 圭祐・前田 大志・内田 圭介（プロフィールは本文参照）

編著者紹介

小薗崇明（こぞの たかあき）

1979年生まれ。東京成徳大学人文学部日本伝統文化学科教員。専門は歴史学（日本近現代史）。

主な著作　『地域に学ぶ関東大震災――千葉県における朝鮮人虐殺その解明・追悼はいかになされたか』（共著、日本経済評論社、2012年）、「関東大震災下に虐殺されたろう者とその後のろう教育」（『人民の歴史学』第194号、東京歴史科学研究会、2012年12月）、ほか

渡辺哲郎（わたなべ てつろう）

1978年生まれ。日本大学習志野高等学校教諭。専門は歴史教育、日本近世史。

主な著作　「身近な地域から学ぶ第一次世界大戦――習志野俘虜収容所を教材に」（『歴史地理教育』No.821、2014年７月号）、「大正デモクラシー期における人々の政治参加を考える授業」（『歴史地理教育』No.852、2016年７月増刊号）、ほか

和田　悠（わだ ゆう）

1976年生まれ。立教大学文学部教育学科教員。専門は社会教育、社会科教育。

主な著作　『リアル世界をあきらめない――この社会は変わらないと思っているあなたに』（共著、はるか書房、2016年）、『新しい歴史教育のパラダイムを拓く――徹底分析！　加藤公明「考える日本史」授業』（共編著、地歴社、2012年）、ほか

編集協力　千葉県歴史教育者協議会

子どもとつくる平和の教室

二〇一九年一月三〇日　第一版第一刷発行

編著者　小薗崇明・渡辺哲郎・和田悠

発行人　小倉　修

発行元　はるか書房

東京都千代田区神田三崎町二―一九―八　杉山ビル

ＴＥＬ〇三―三二六四―六八九八

ＦＡＸ〇三―三二六四―六九九二

発売元　星雲社

東京都文京区水道一―三―三〇

ＴＥＬ〇三―三八六八―三二七五

装幀者　丸小野共生

製　作　シナノ

定価はカバーに表示してあります

落丁・乱丁本はお取り替えいたします

ISBN978-4-434-25632-5　C0037